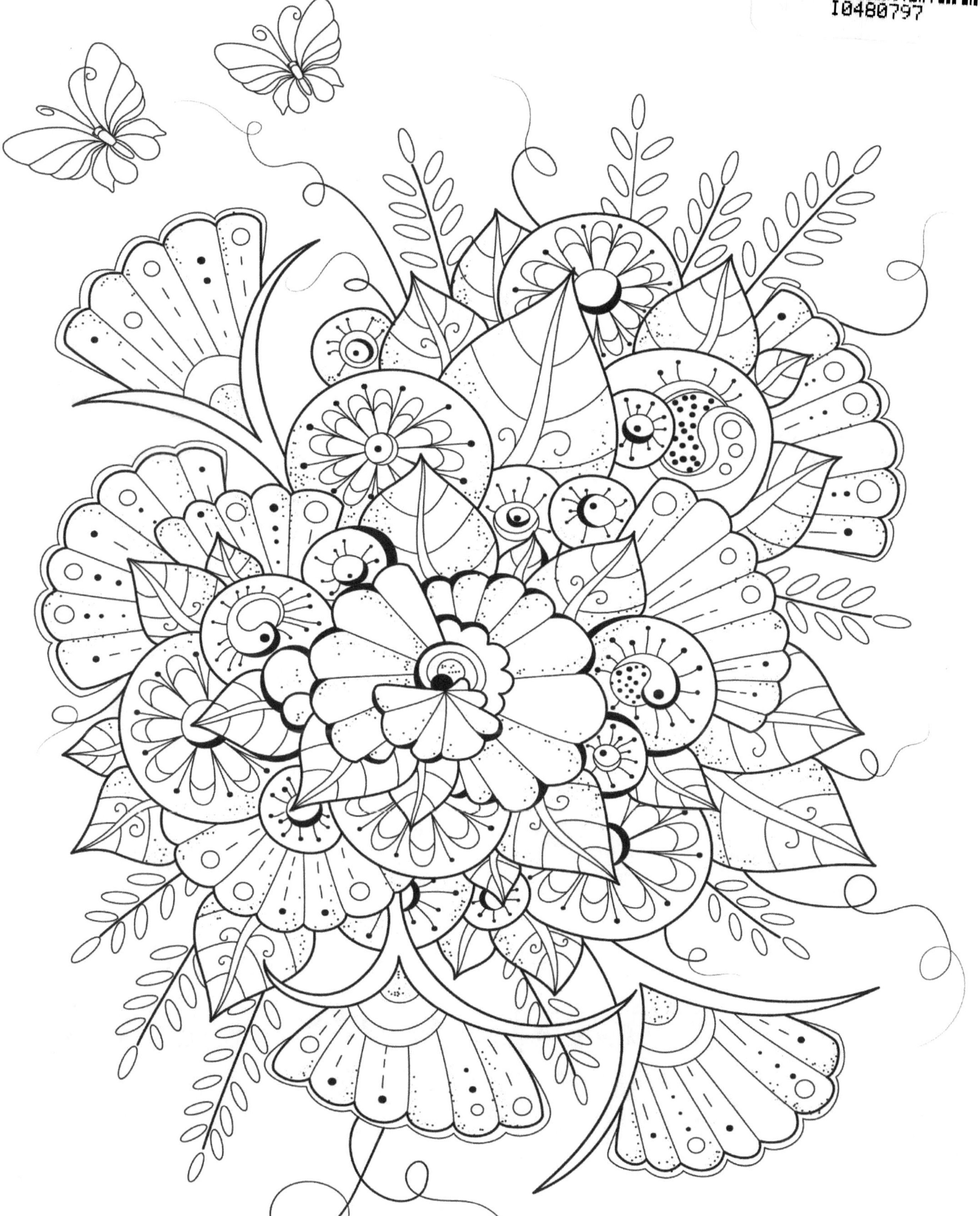

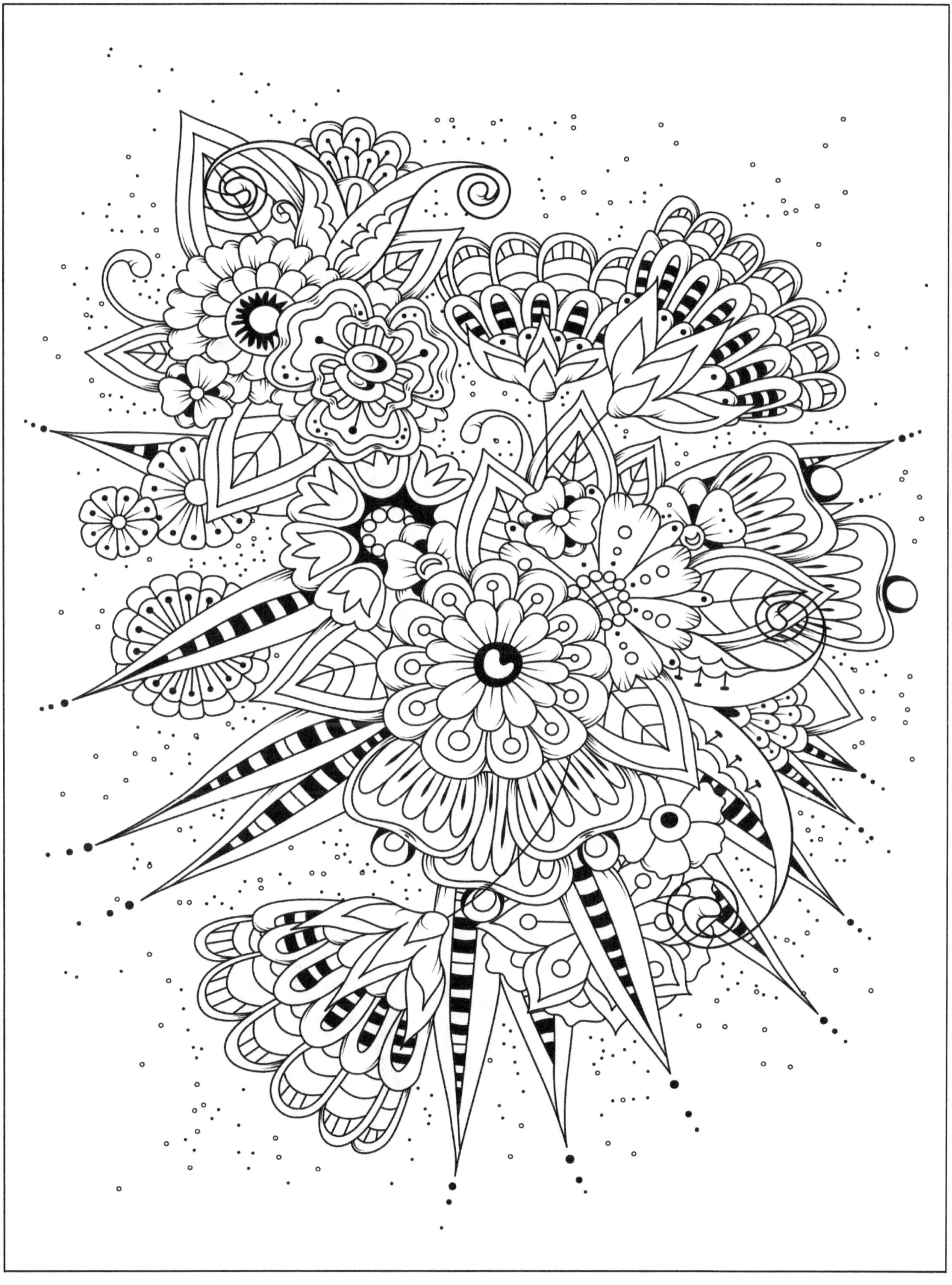

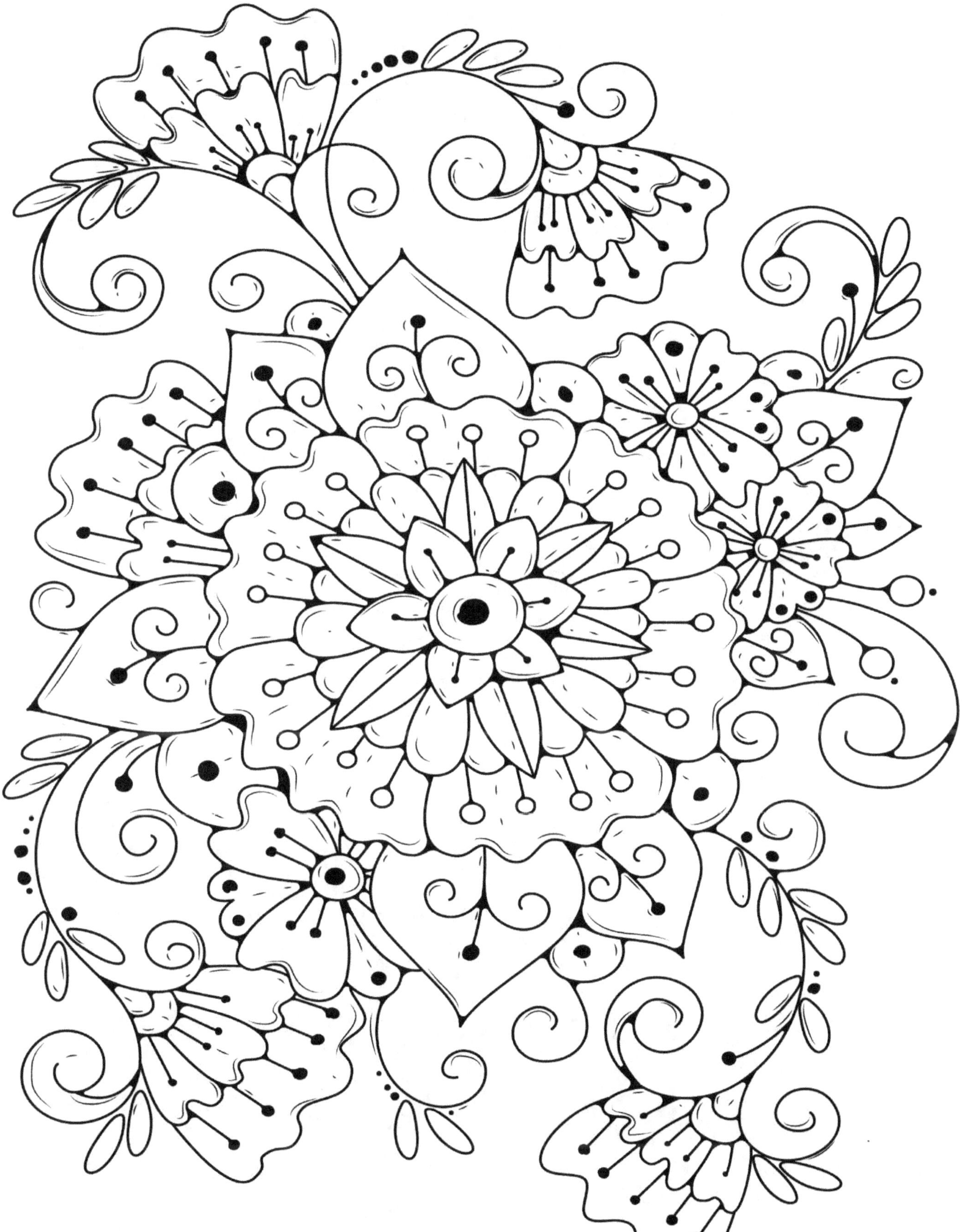

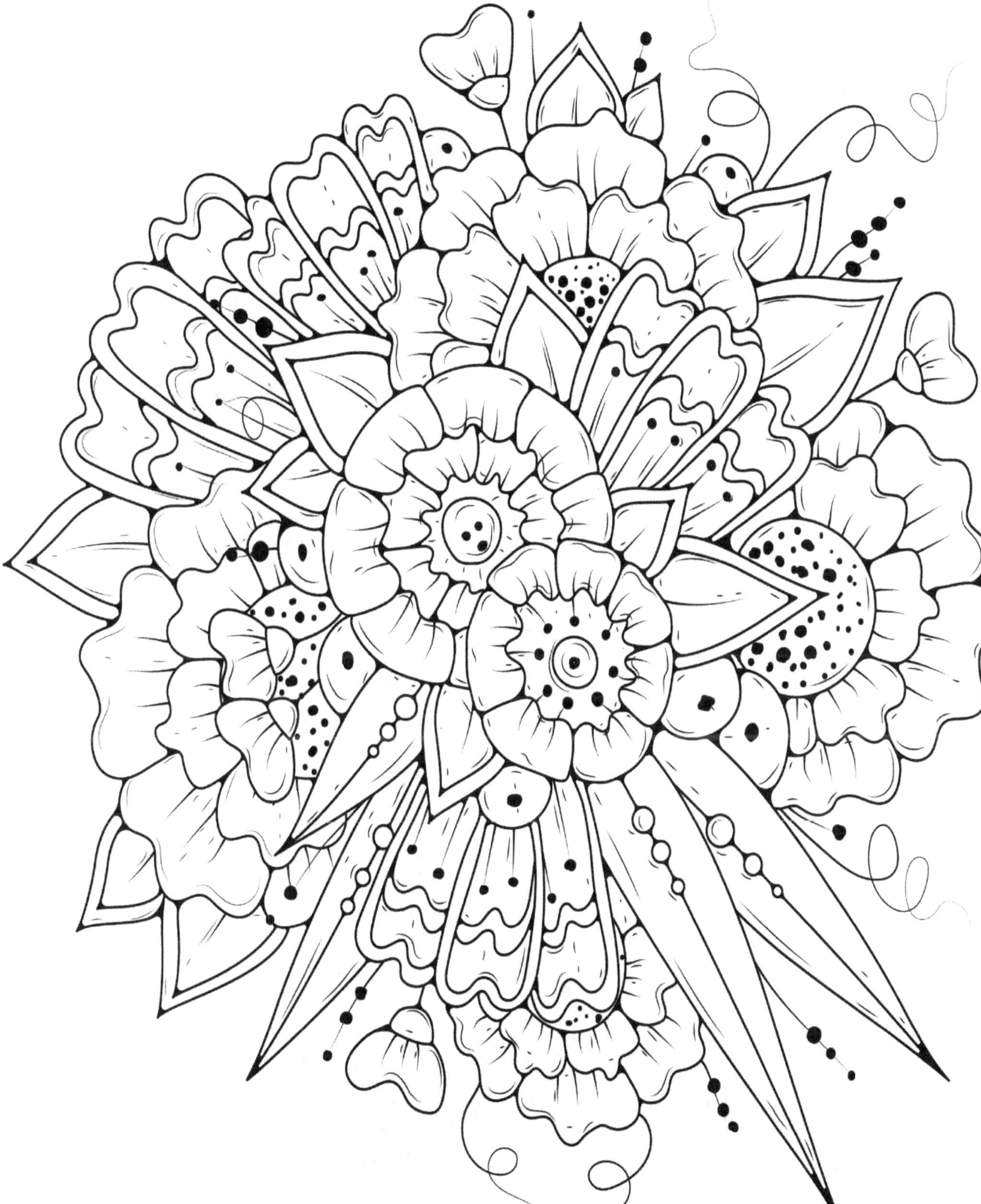

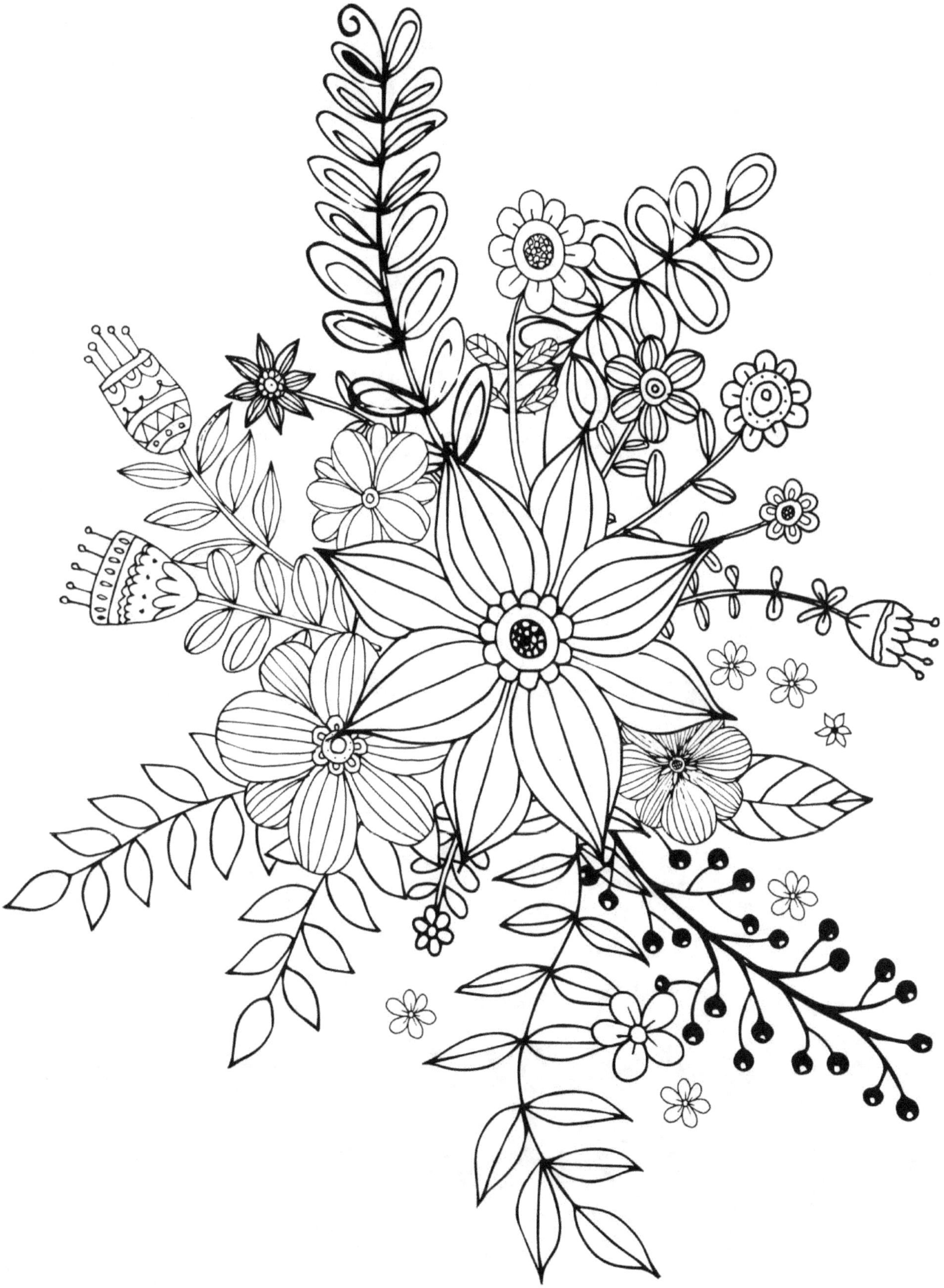

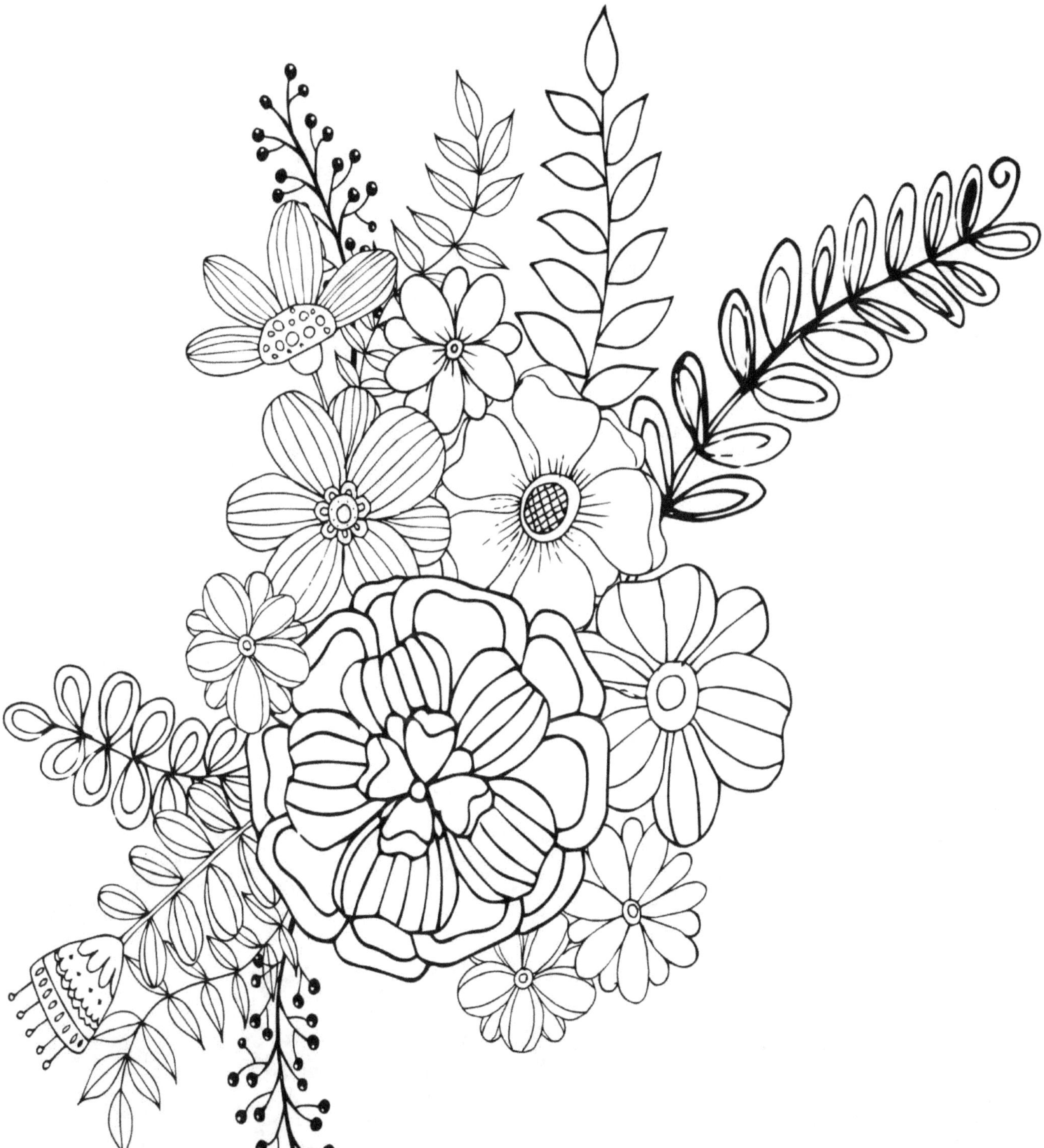

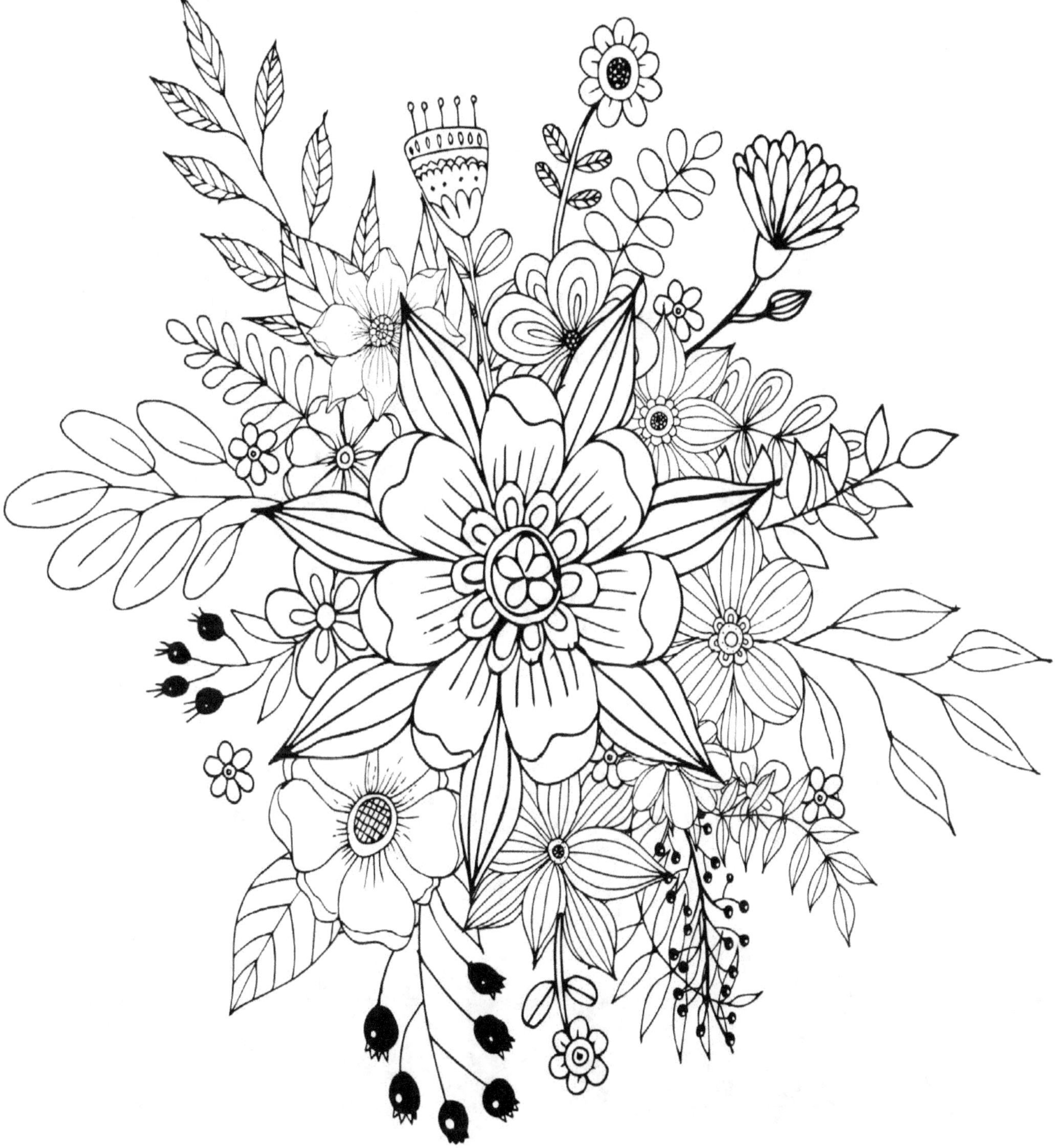

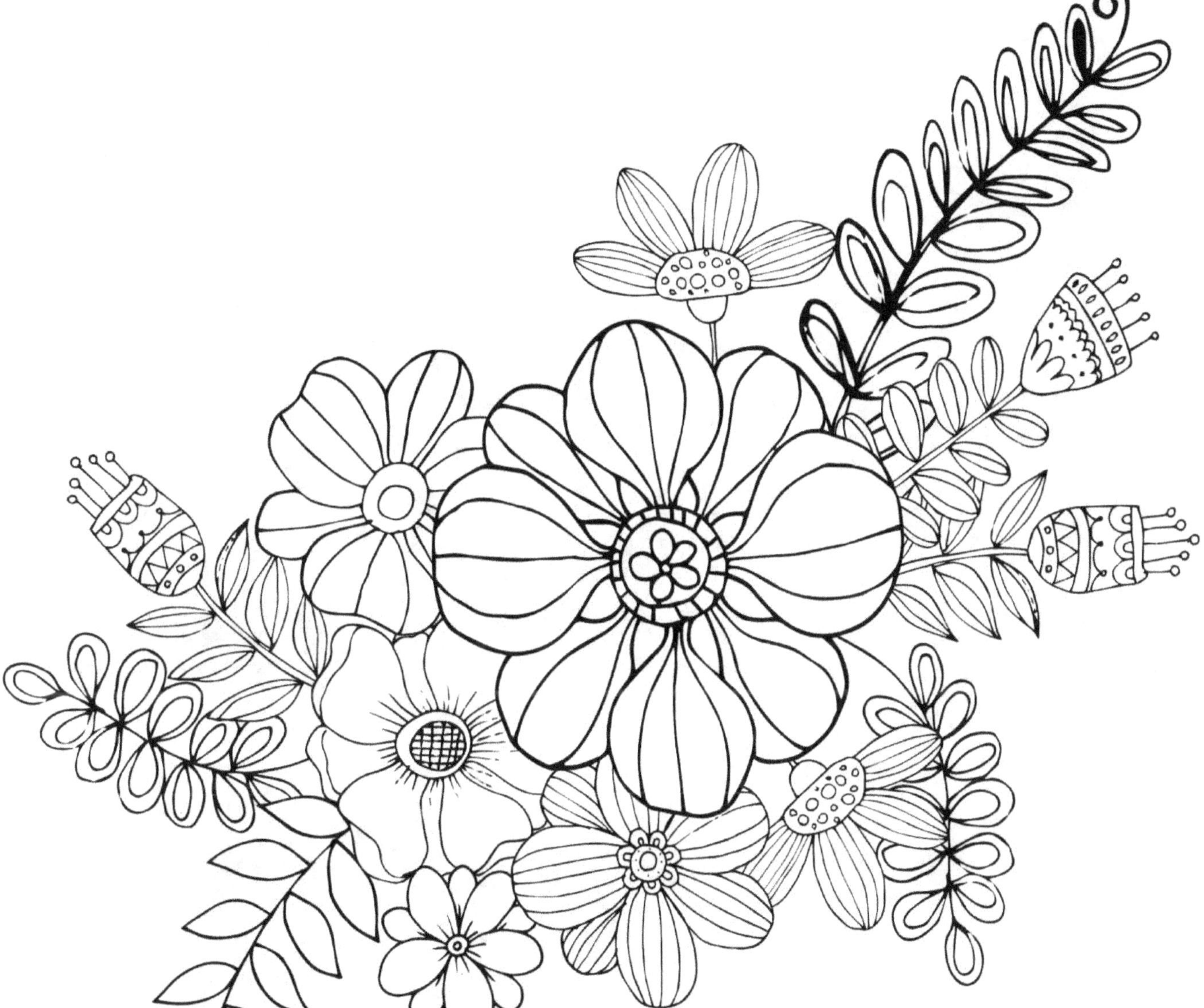

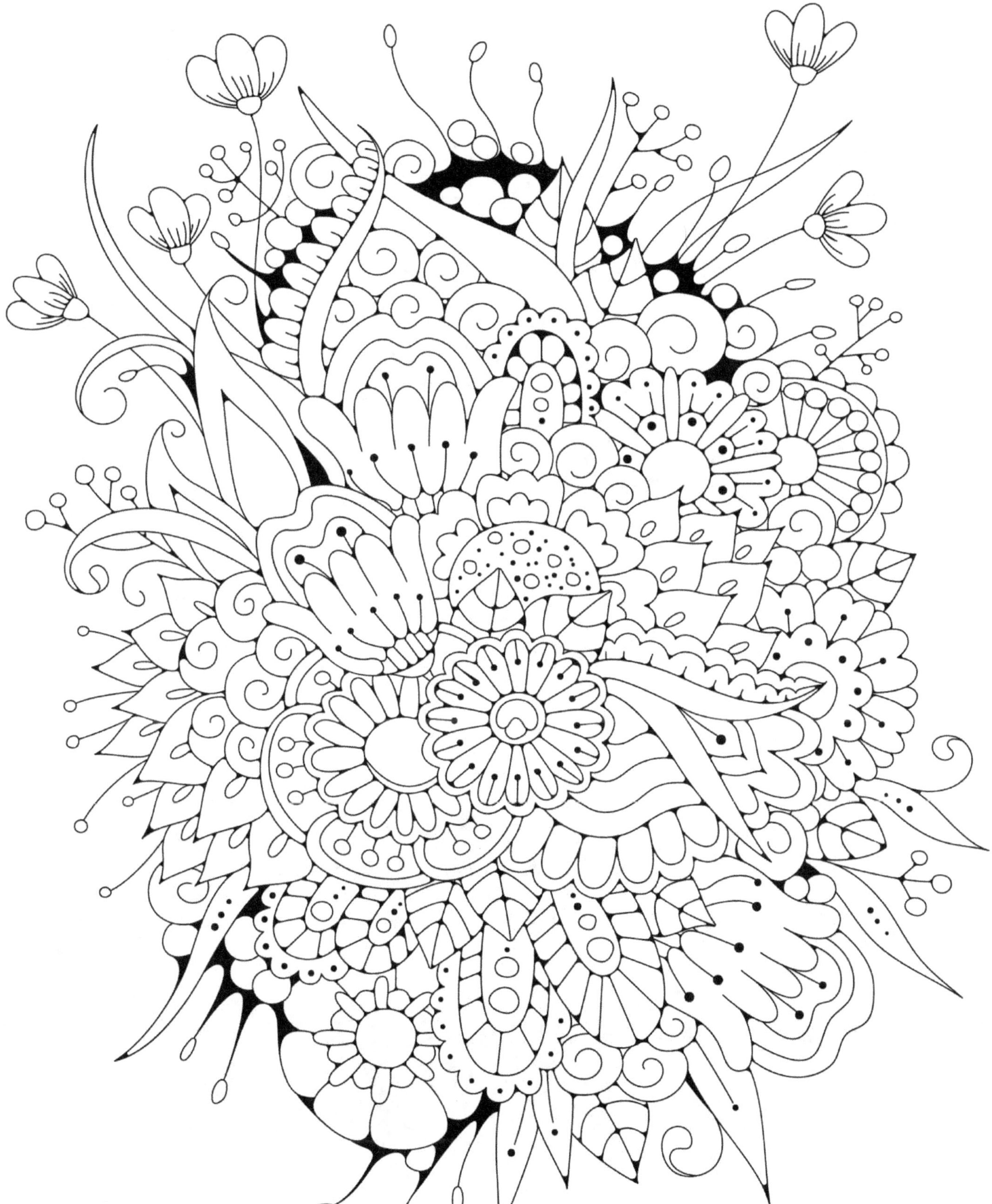

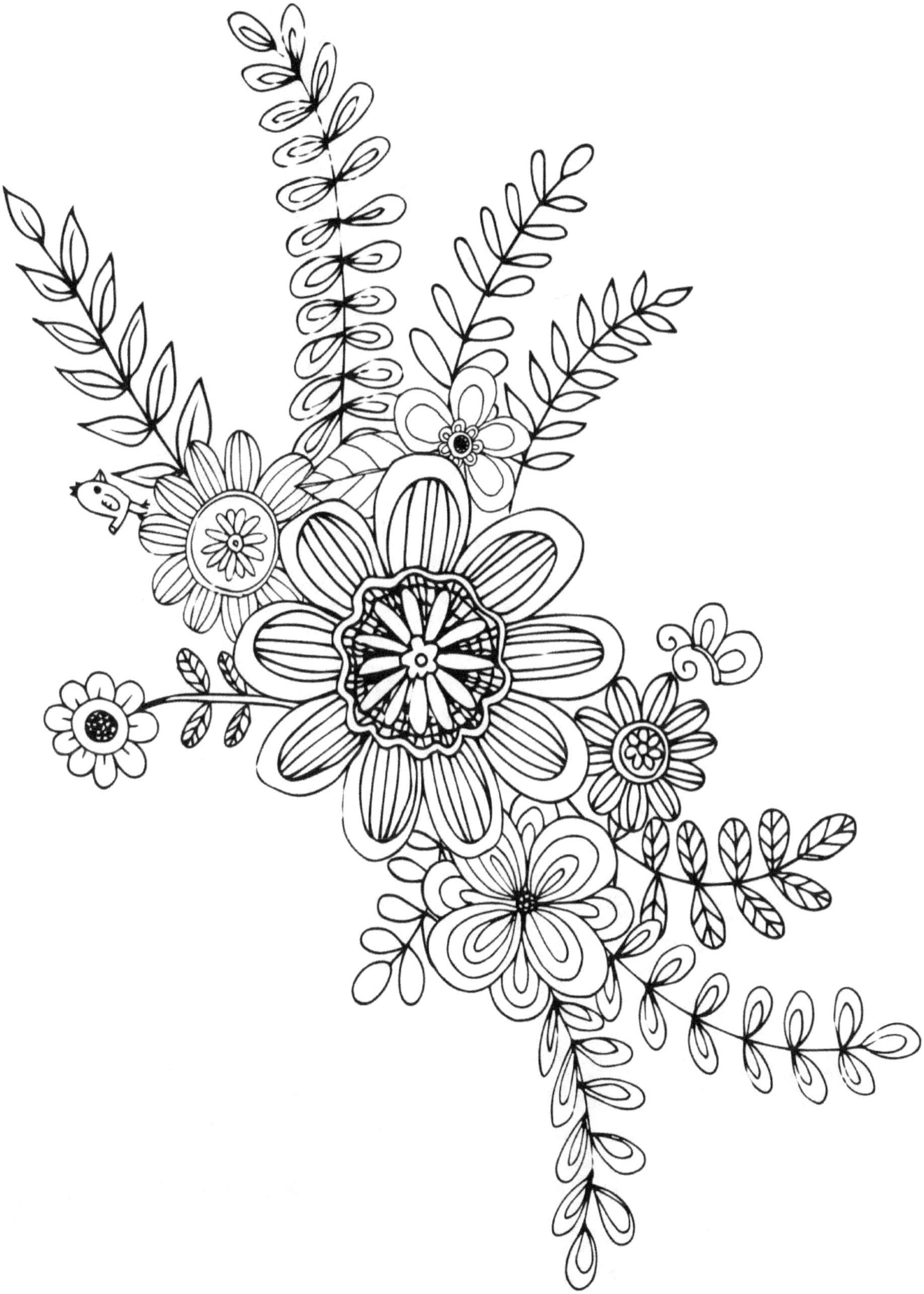

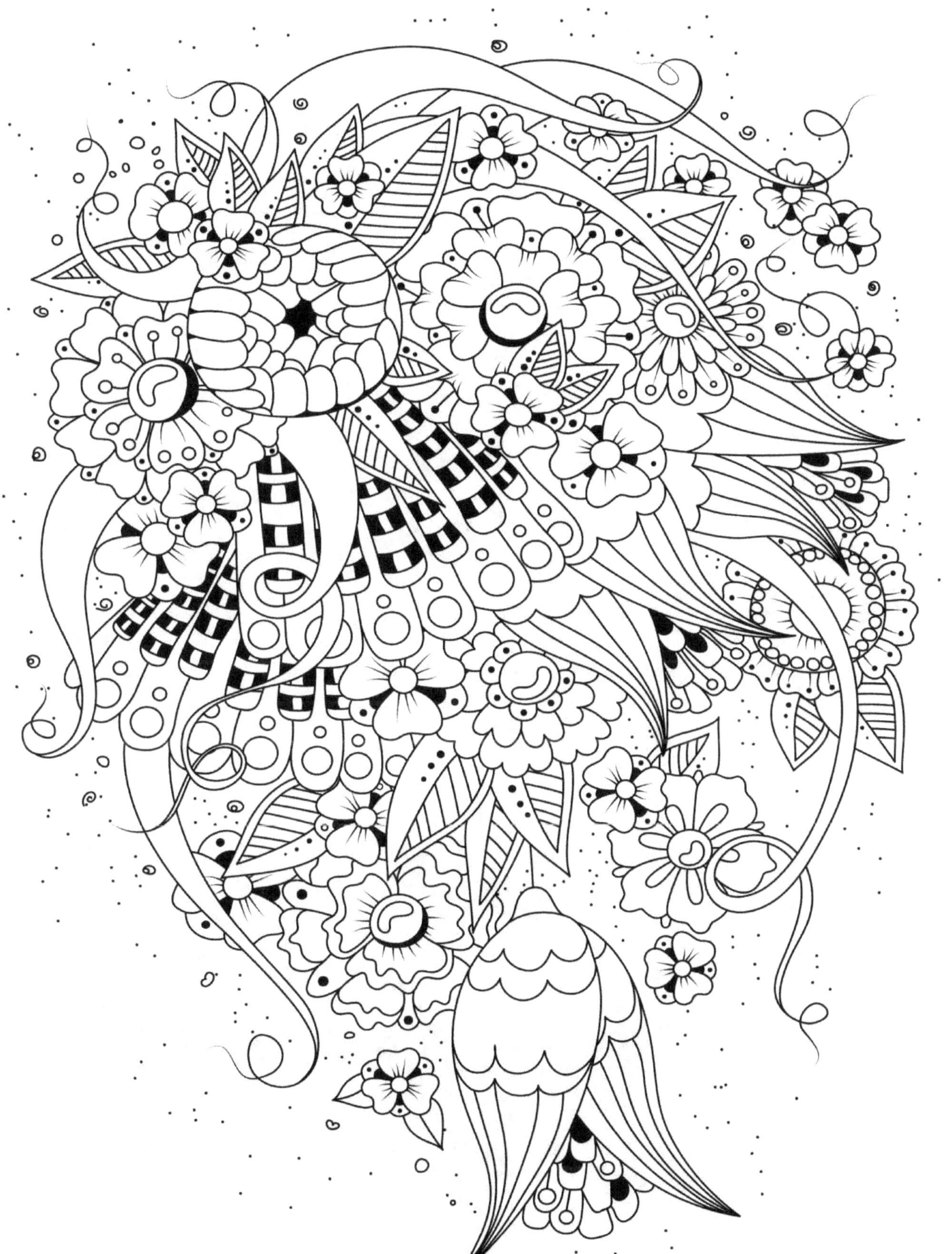

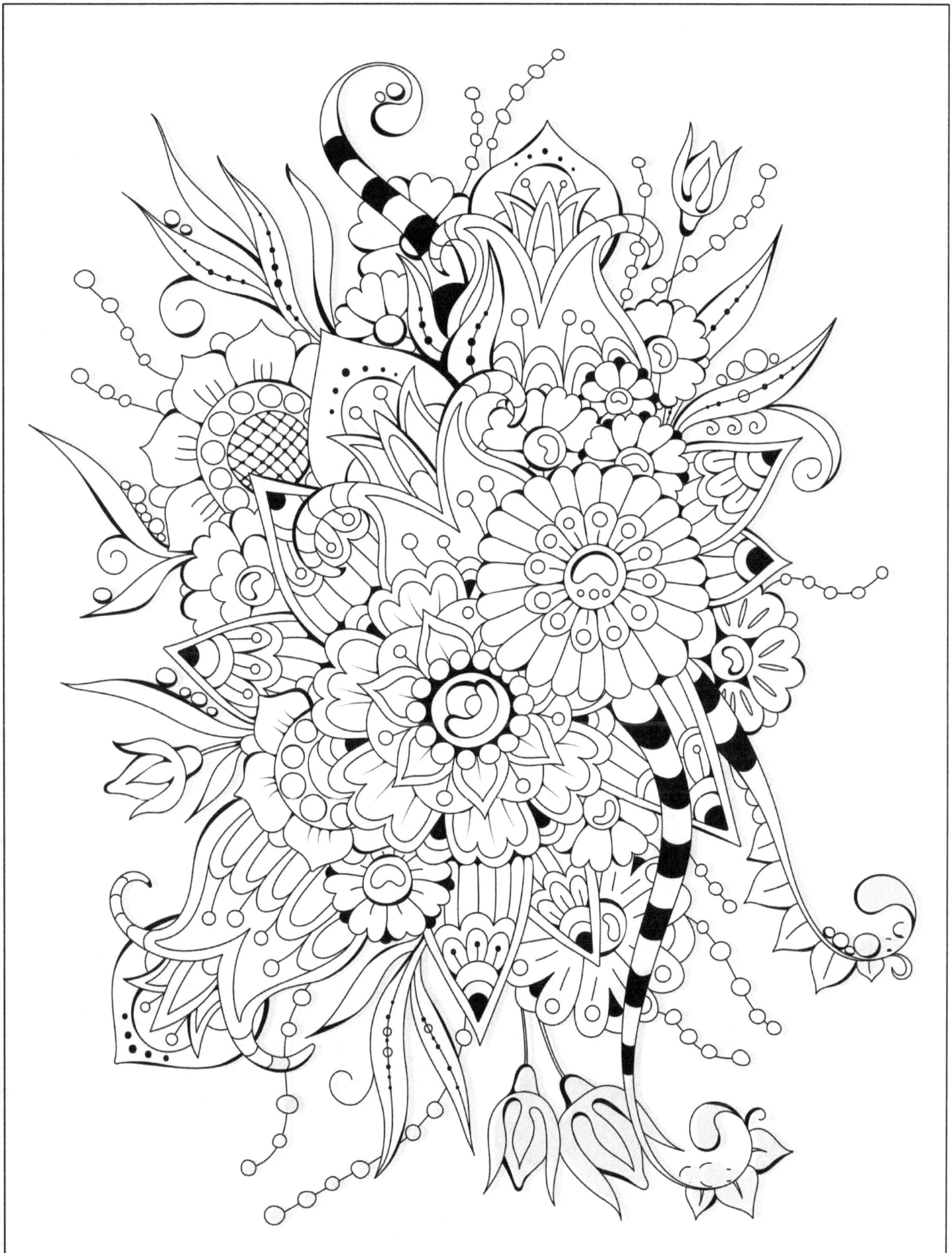

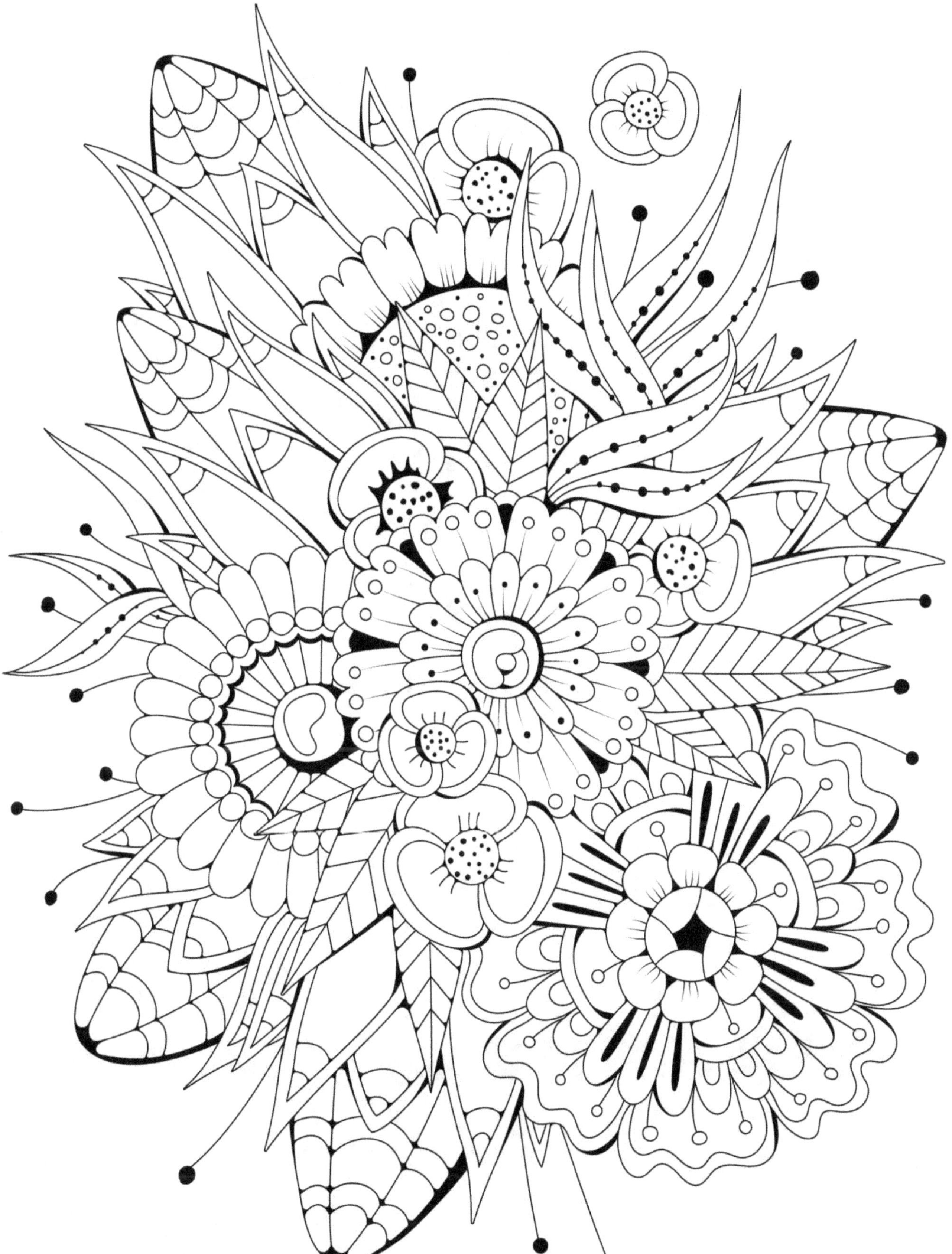

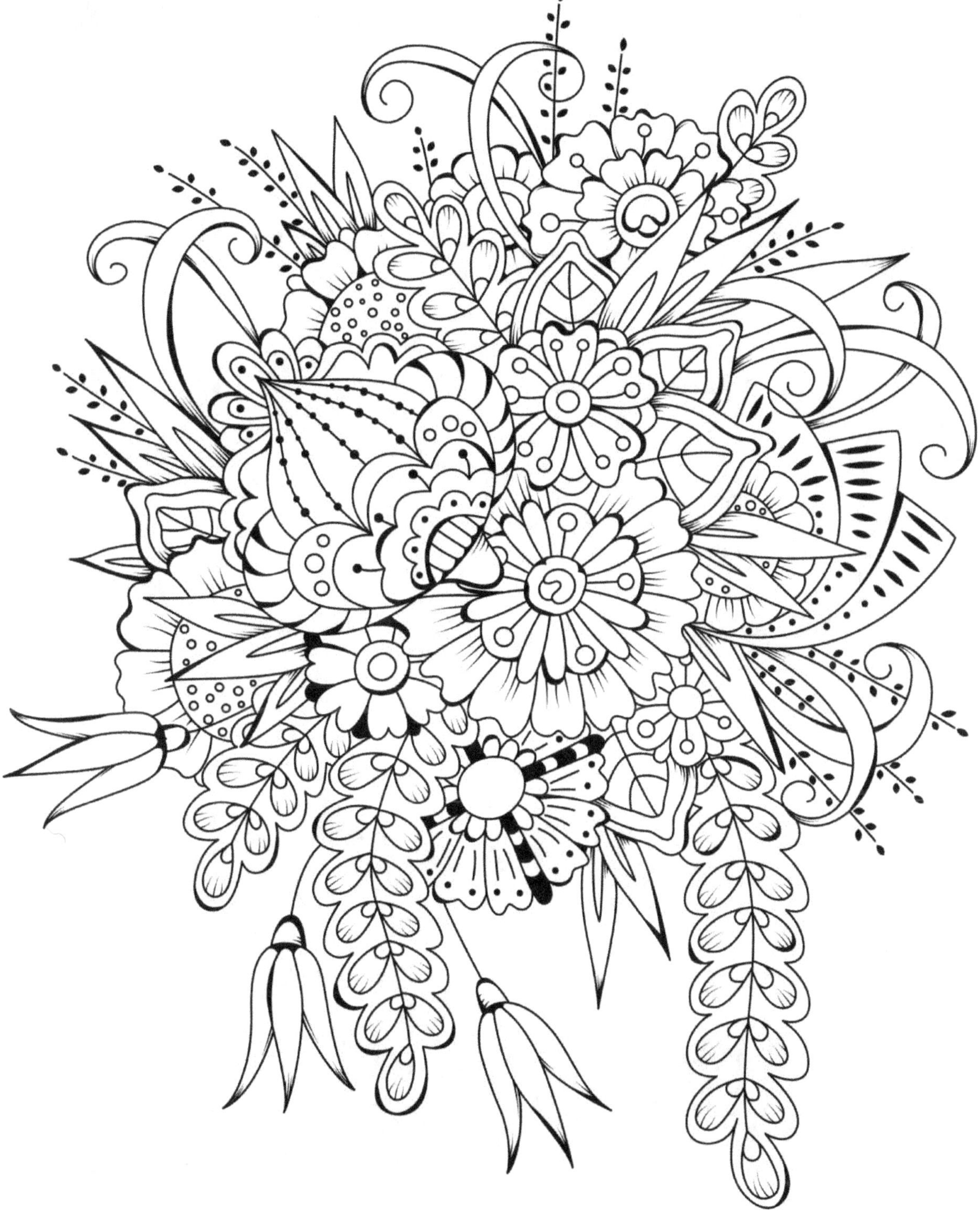

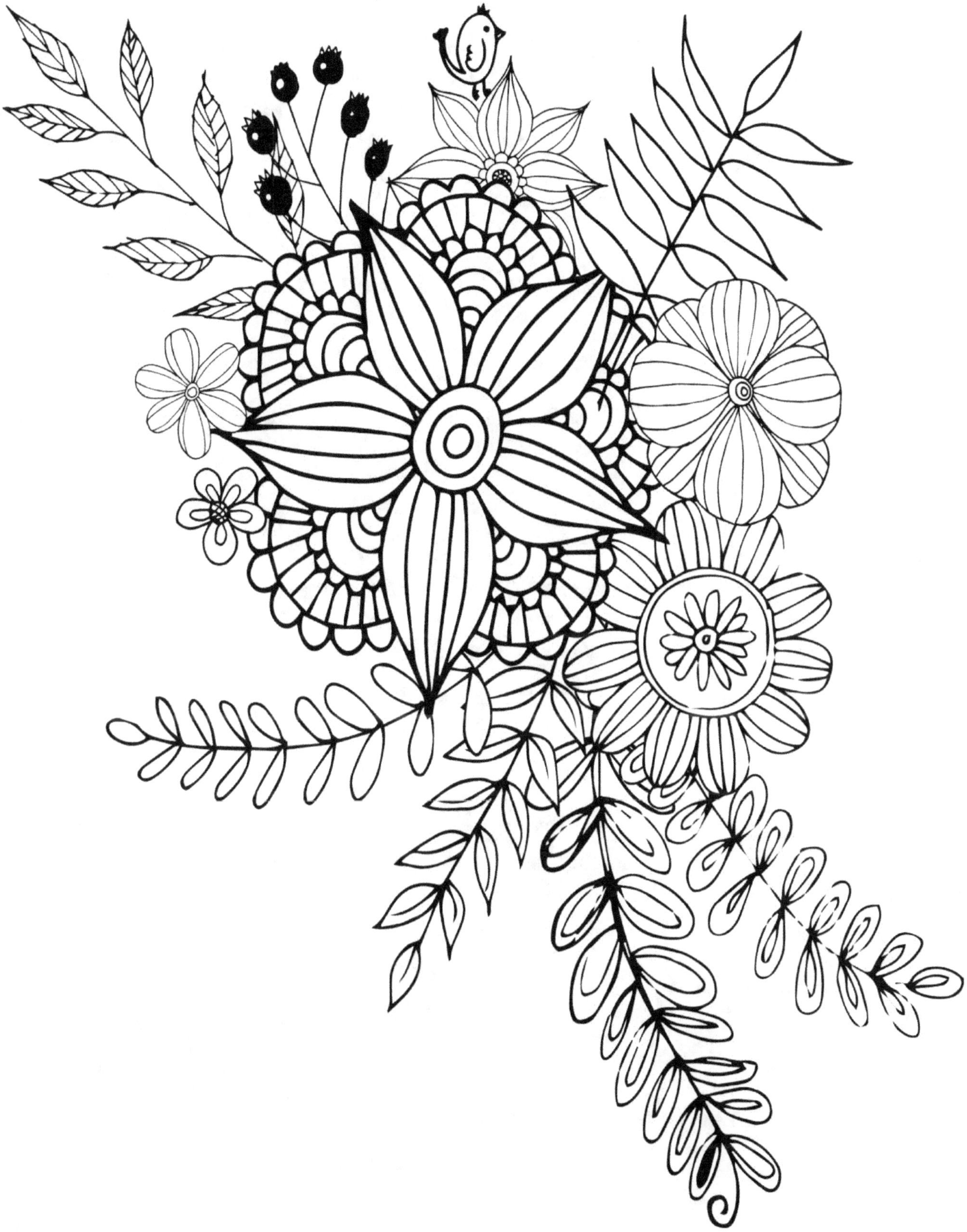

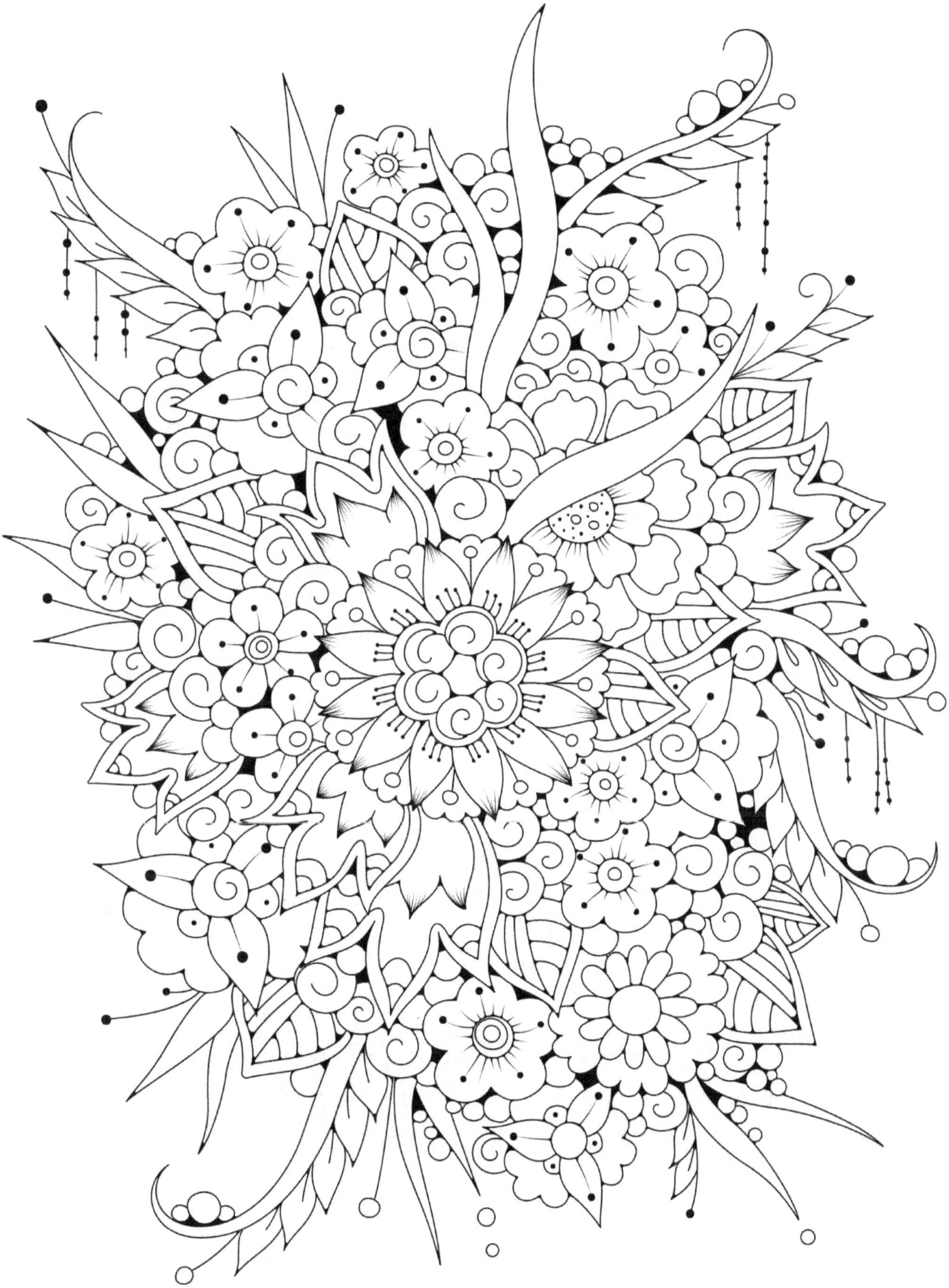

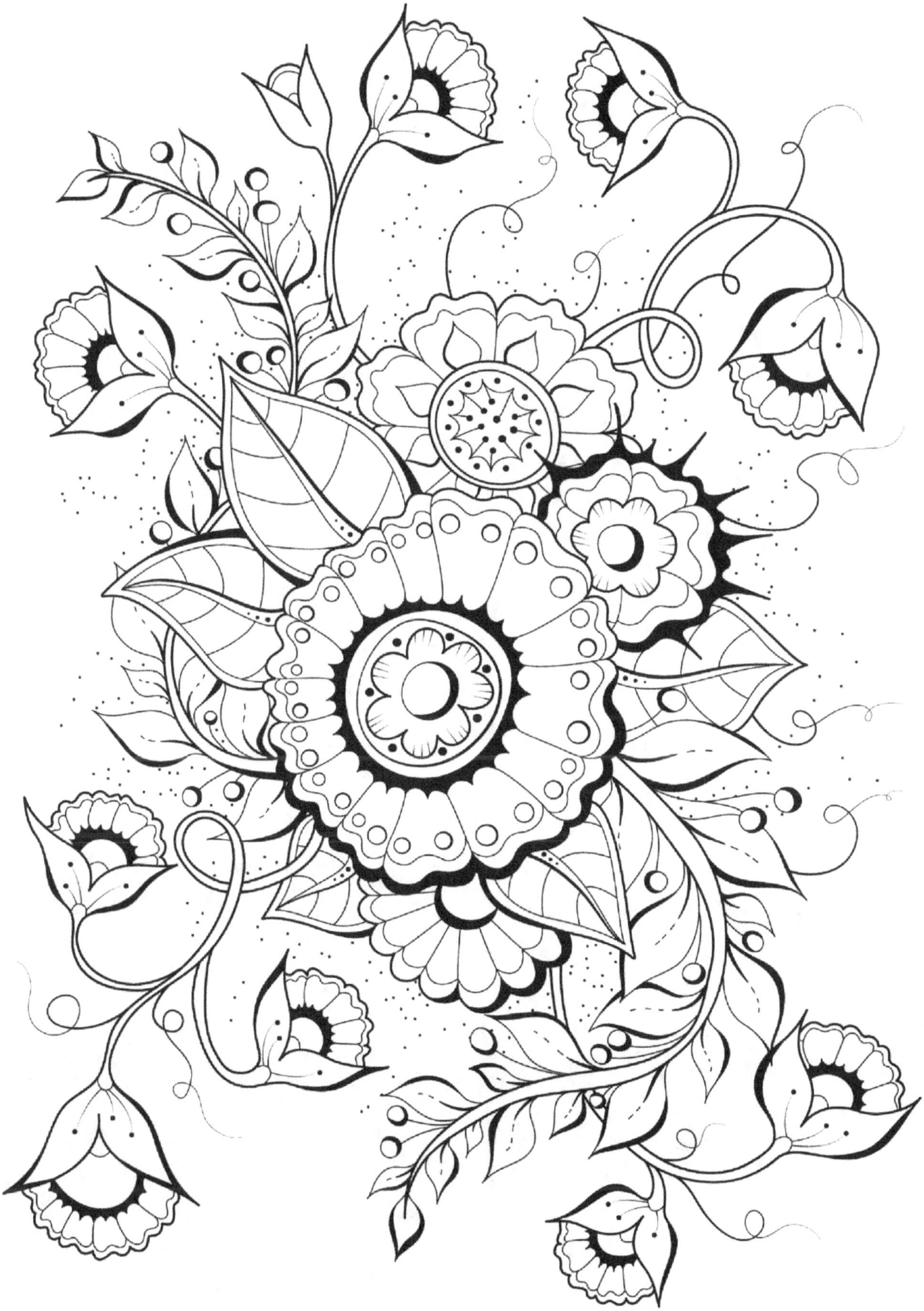

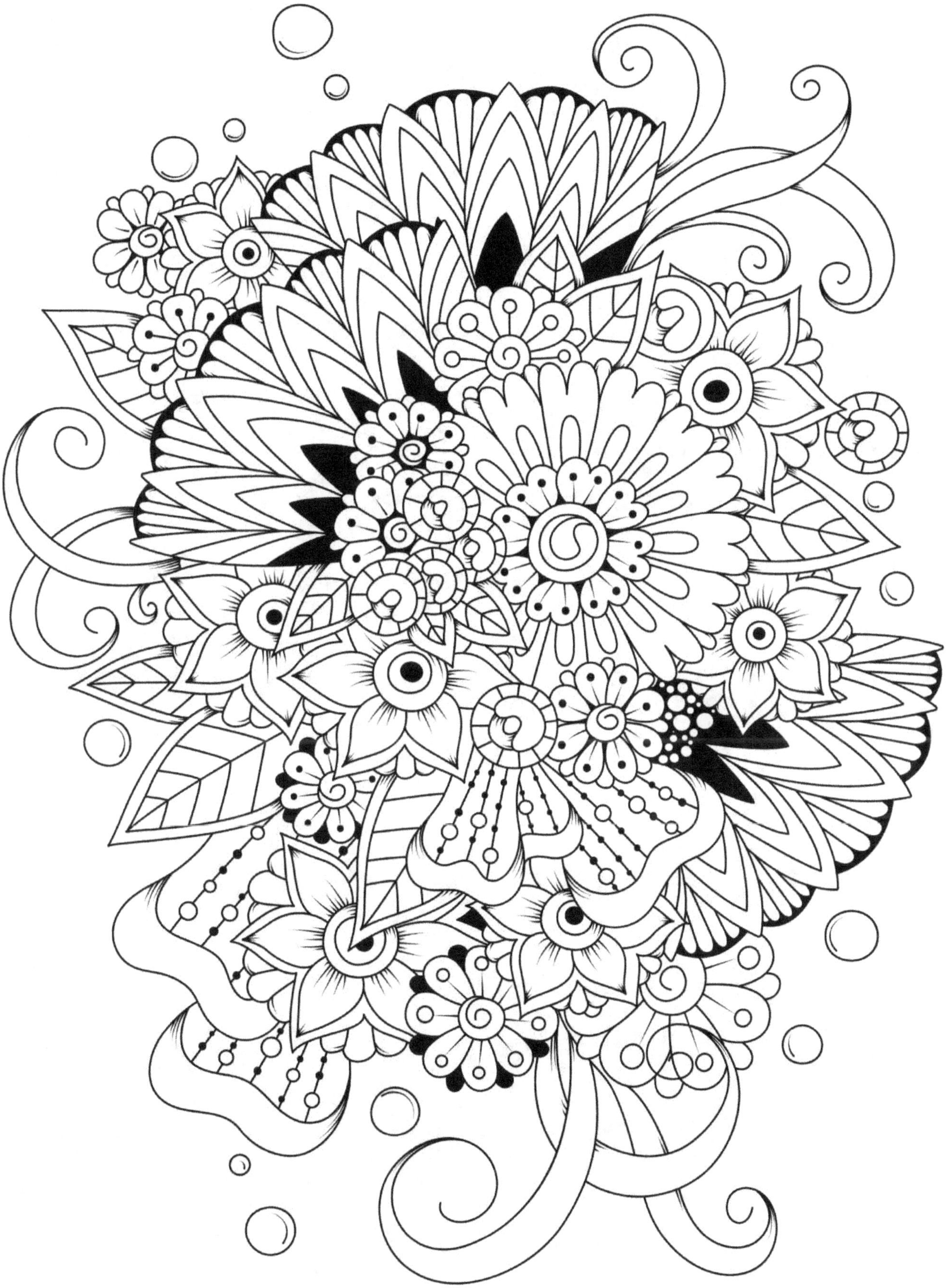

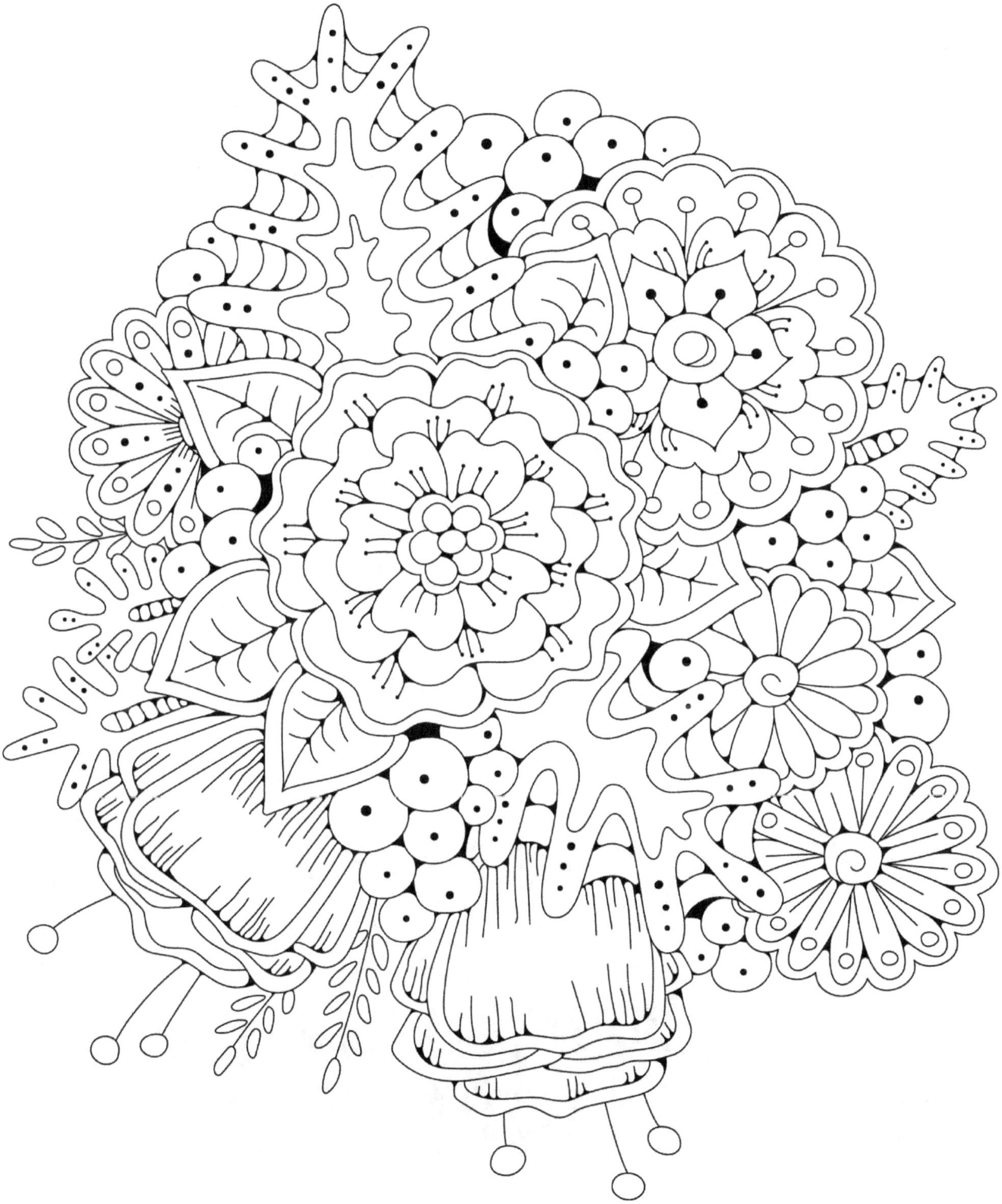

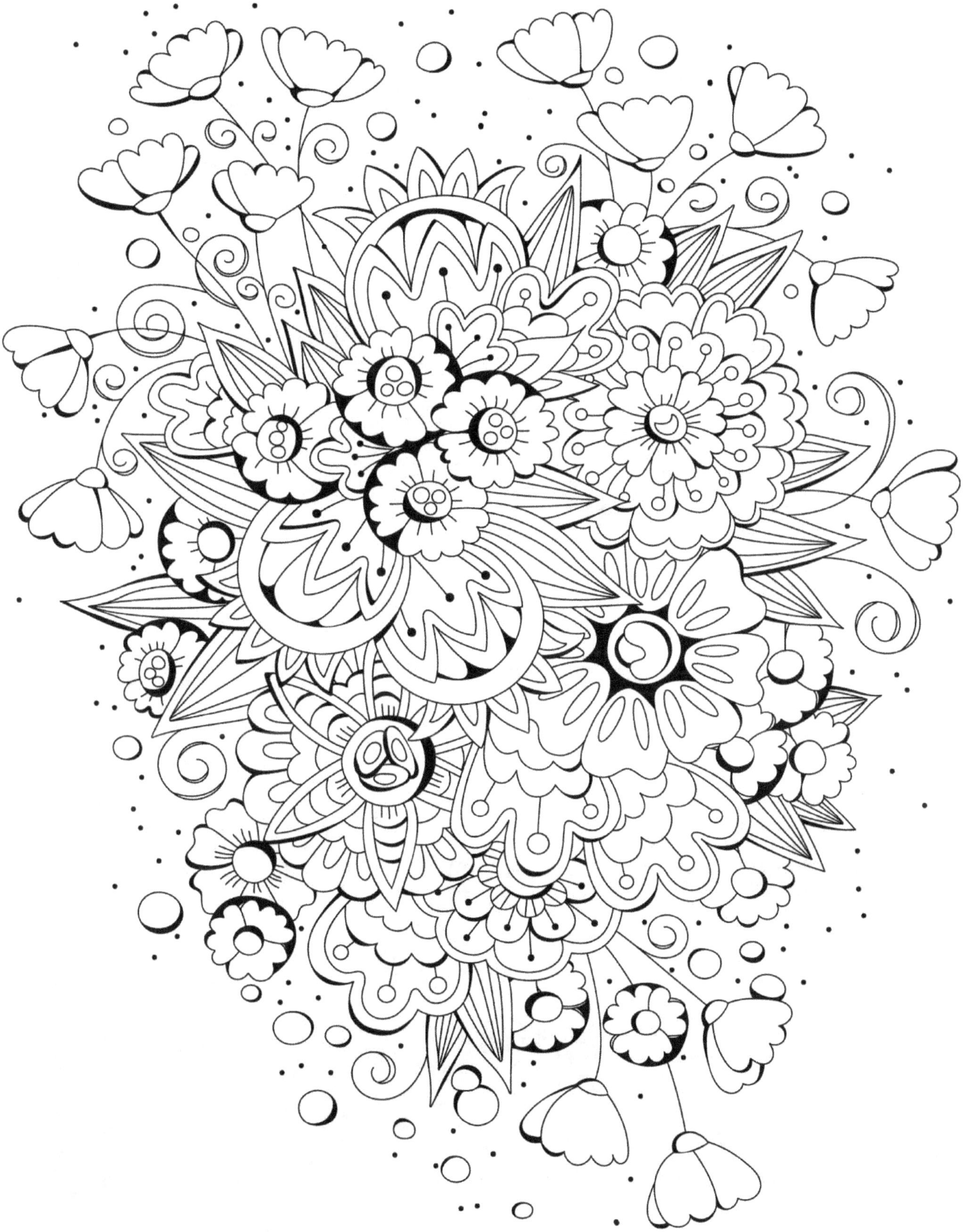

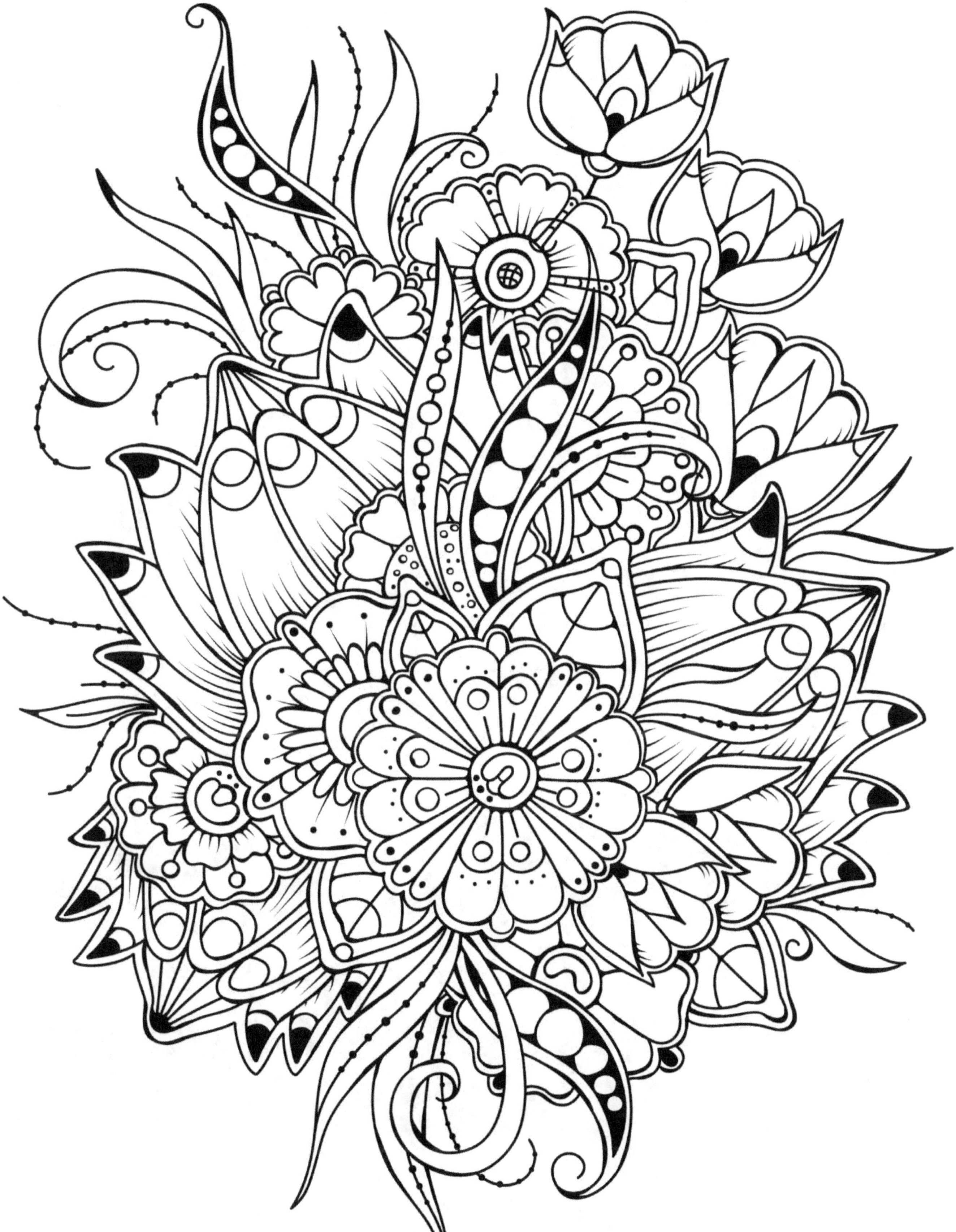

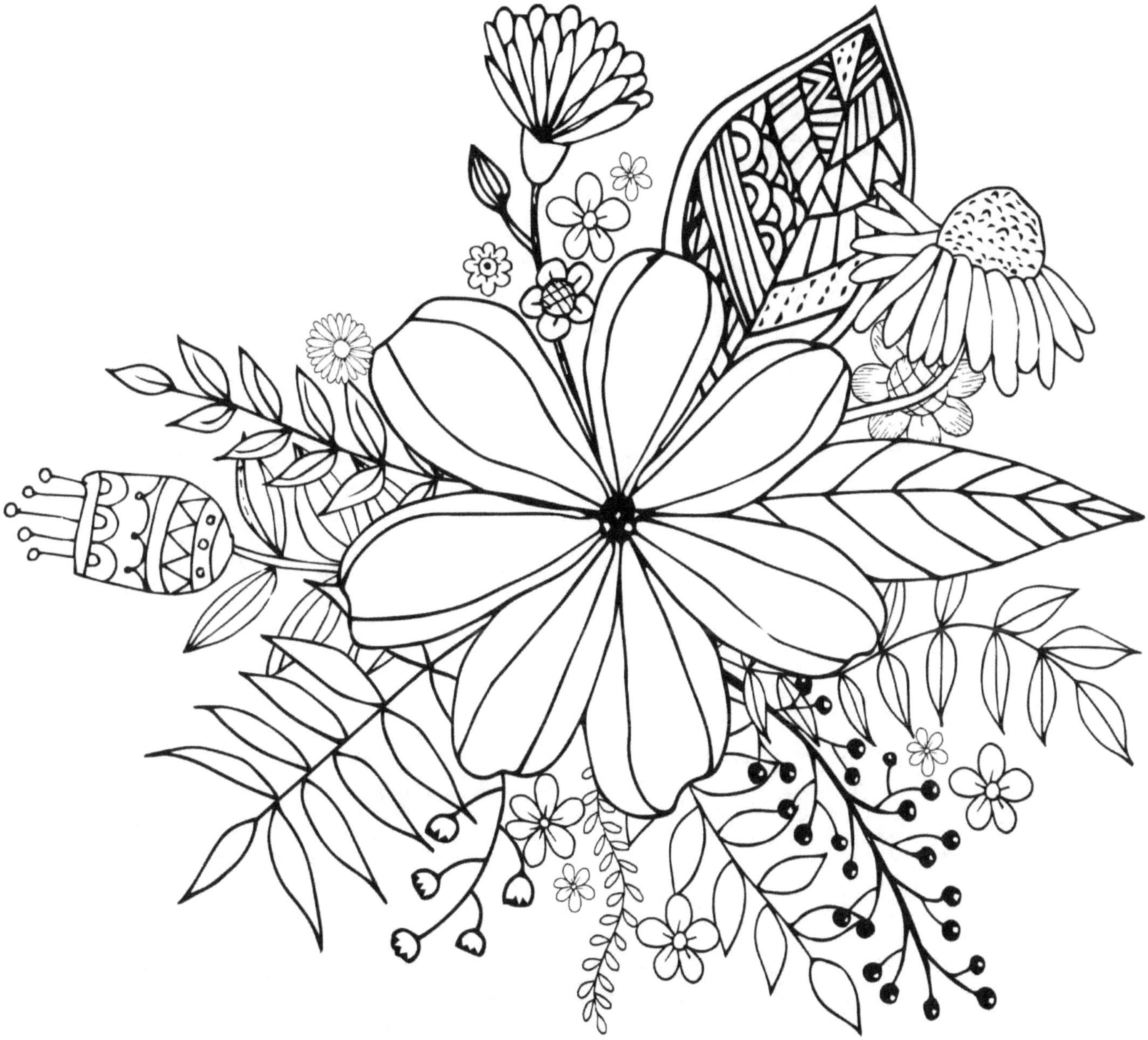

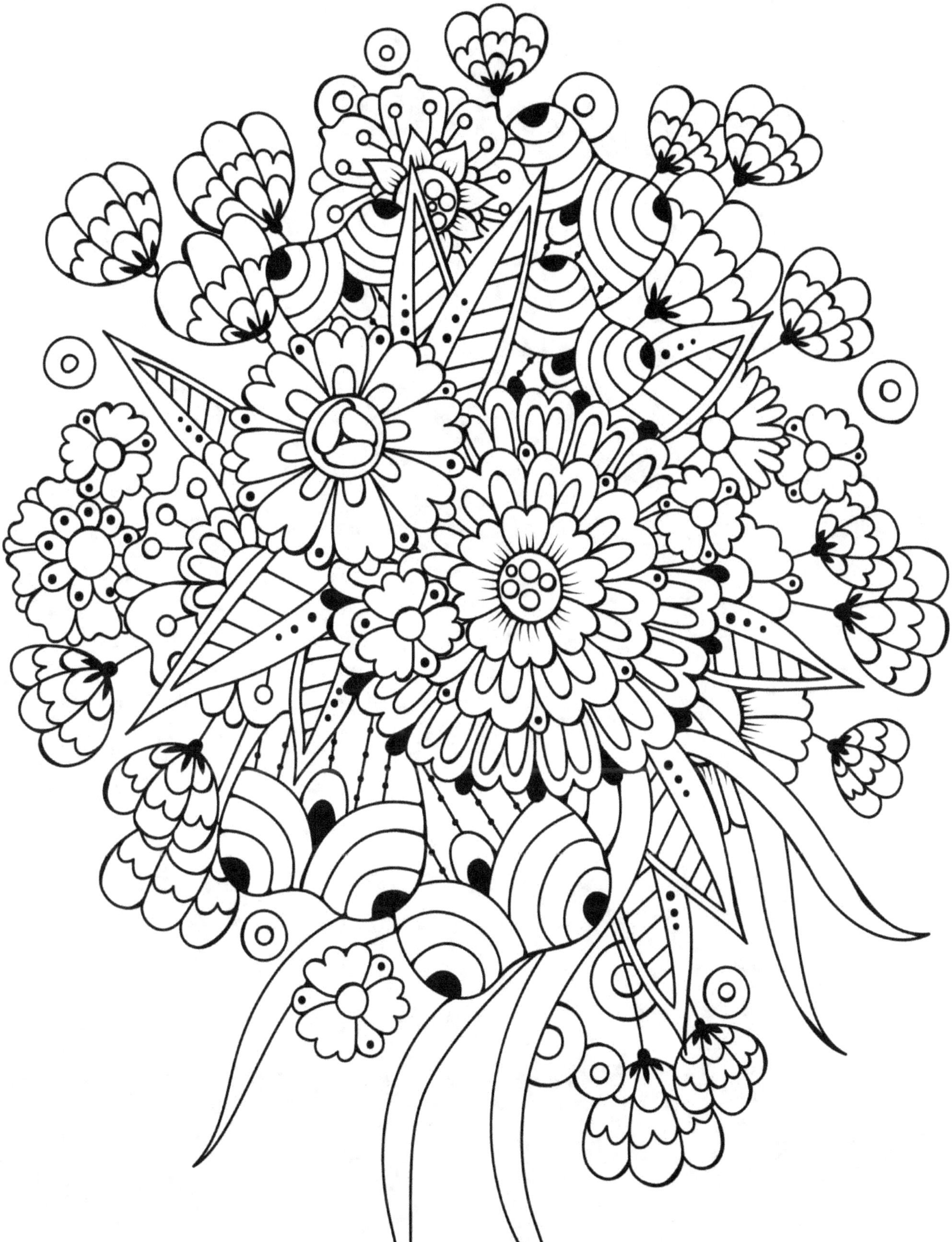

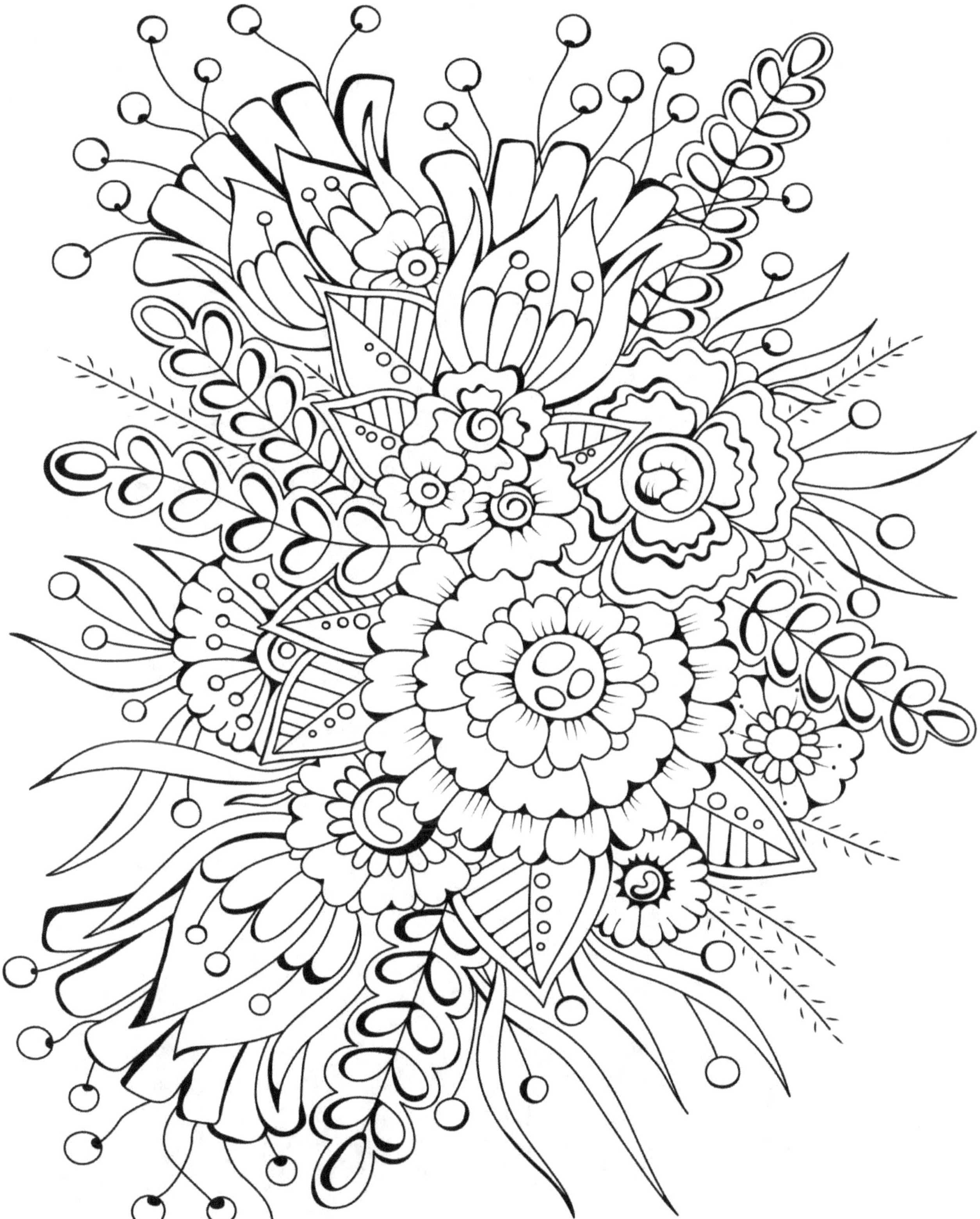

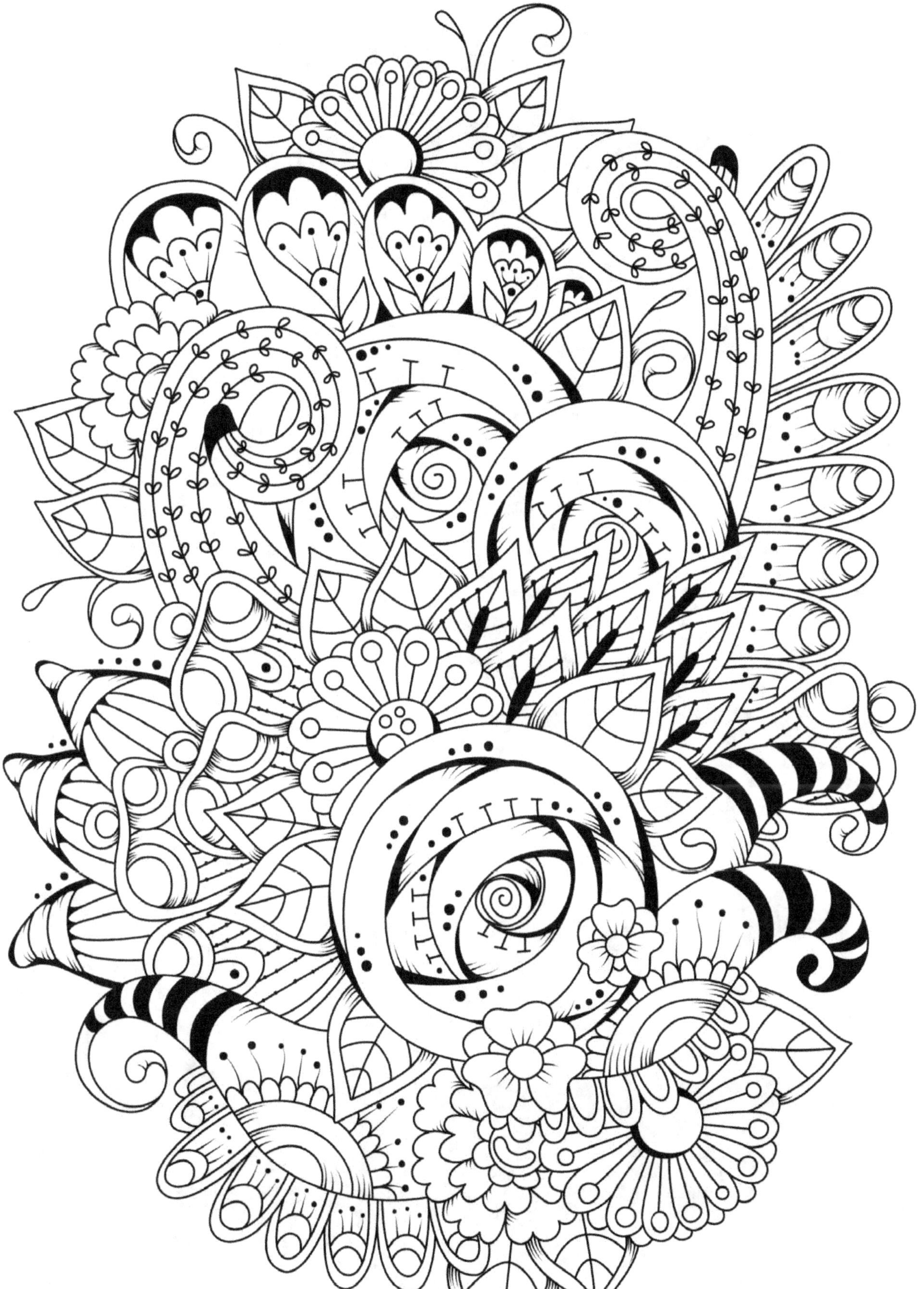

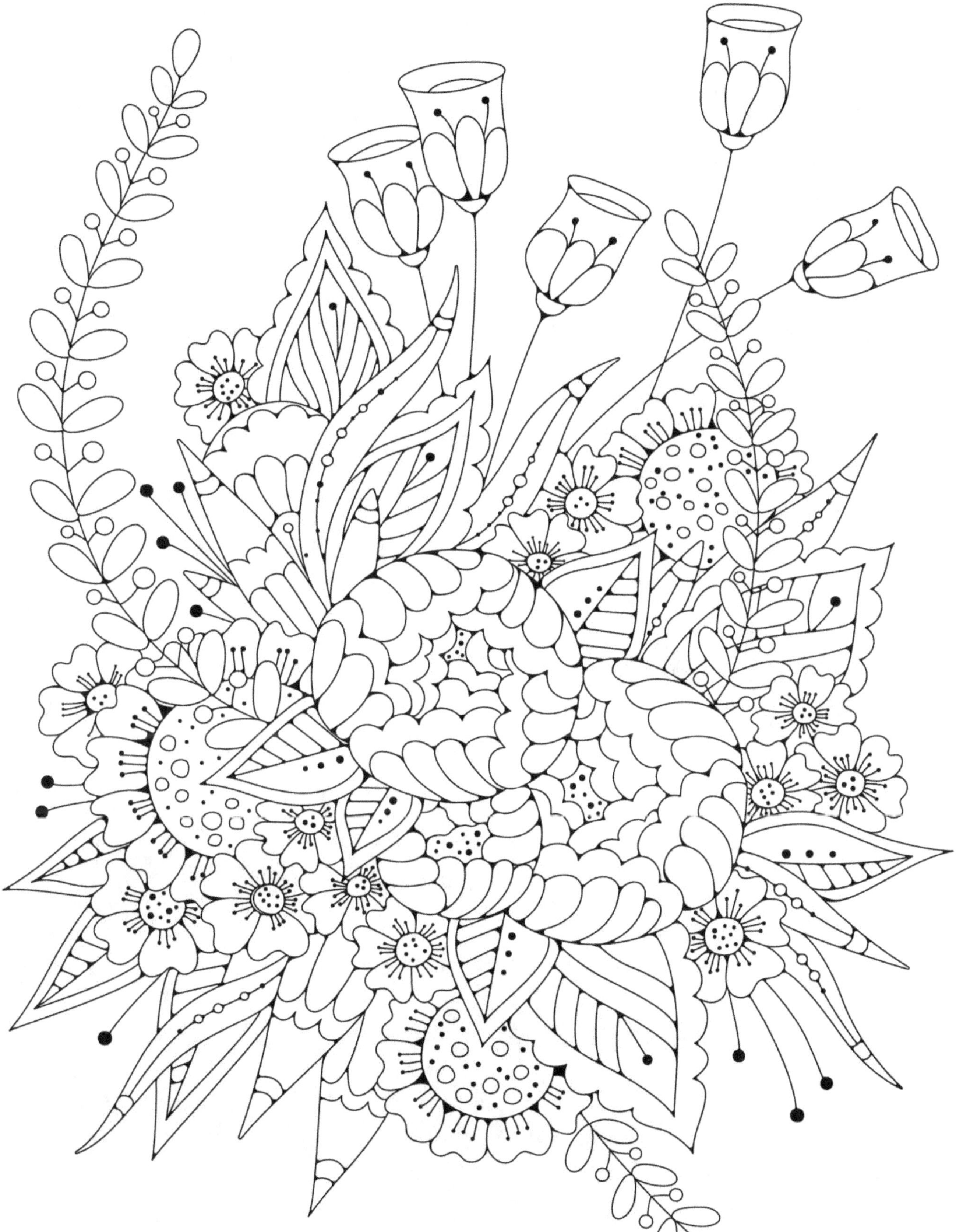

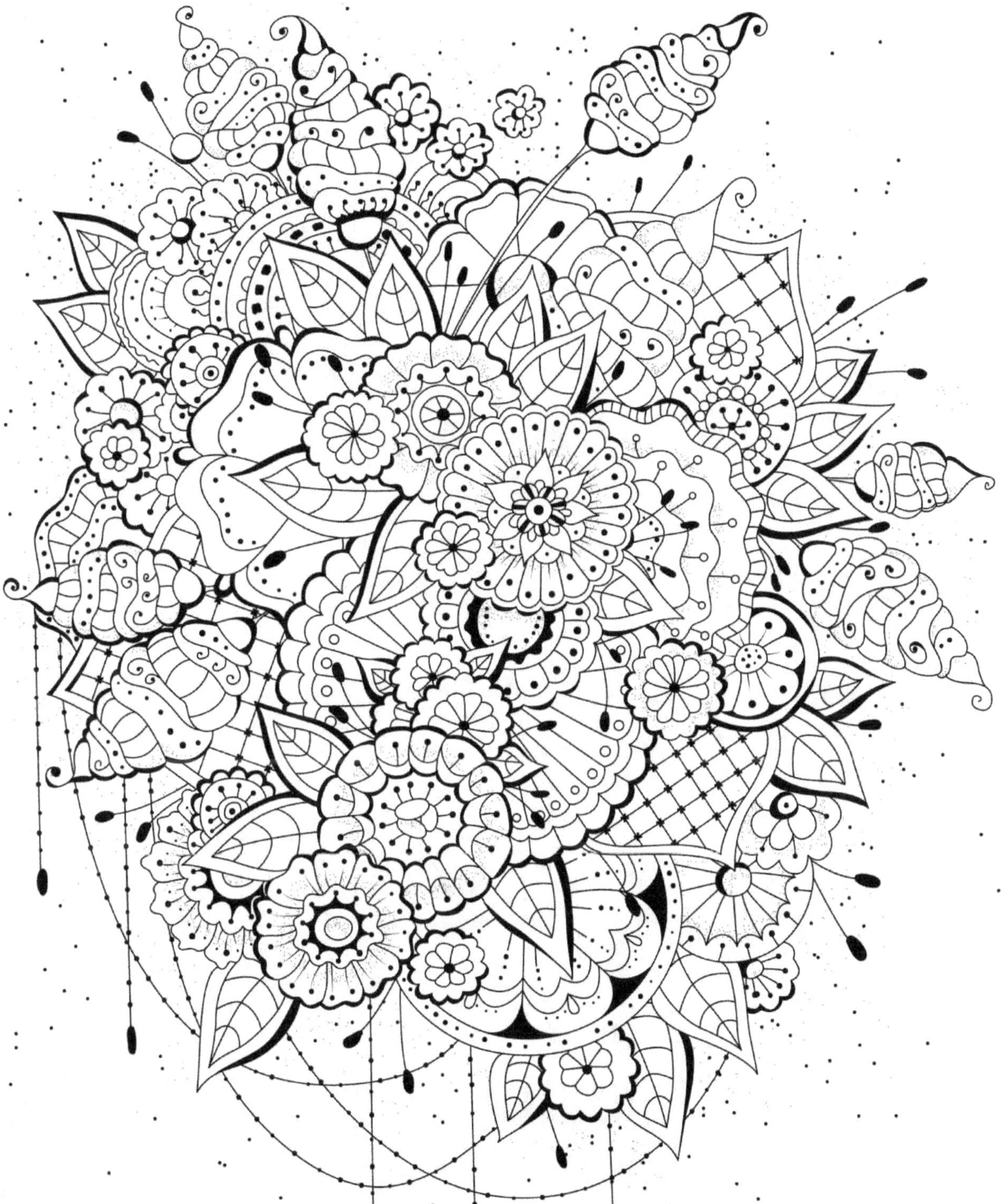

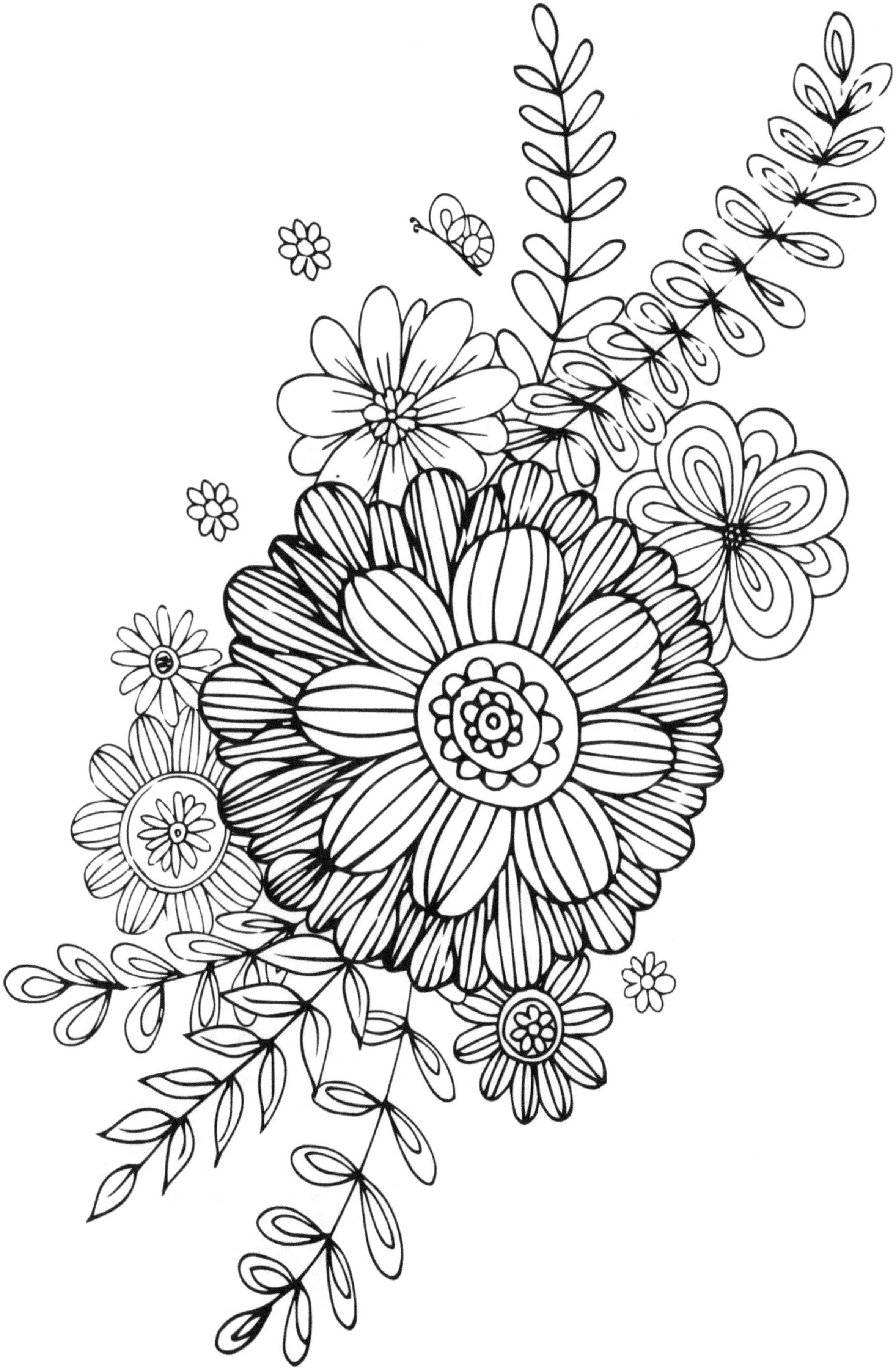

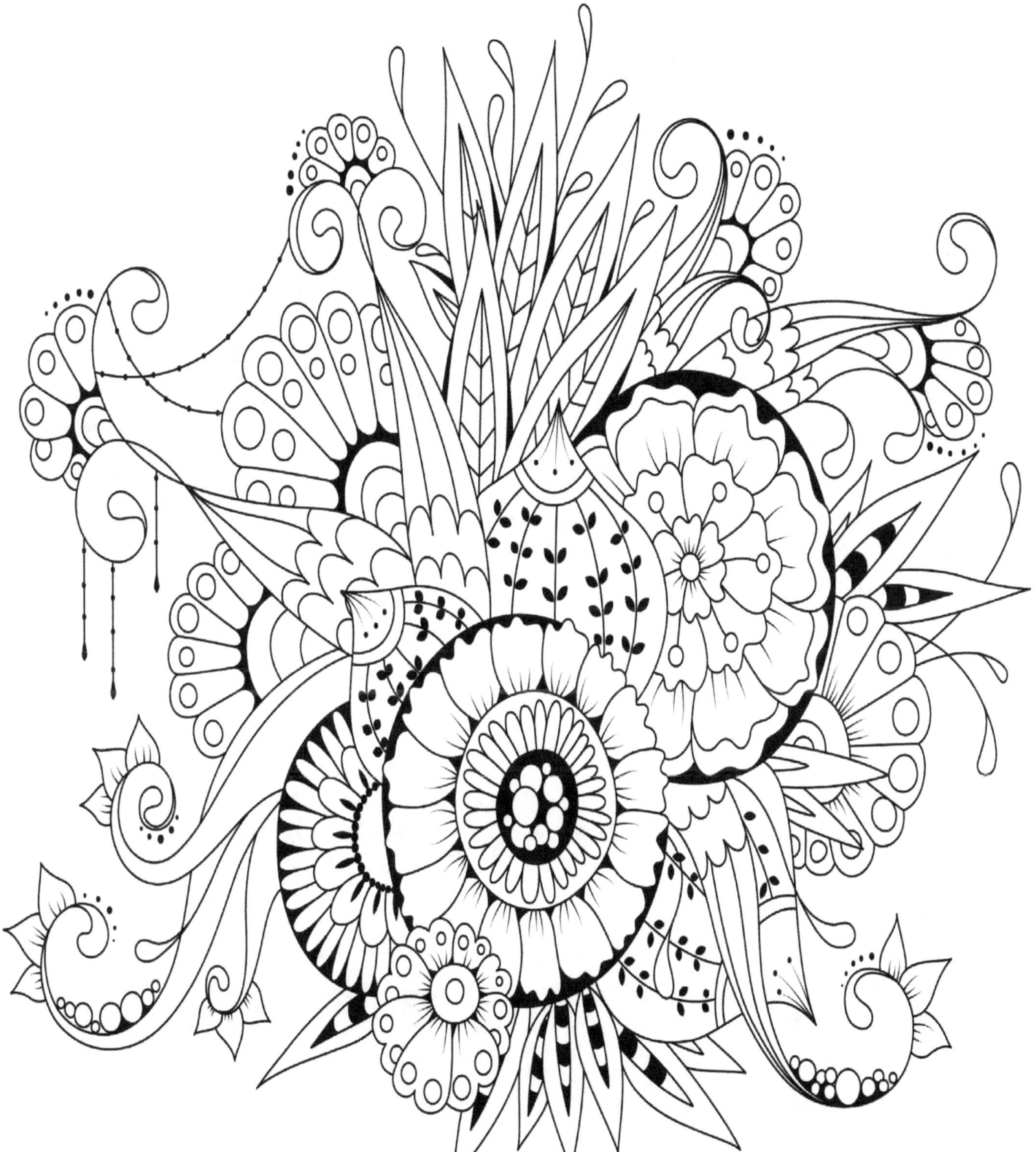

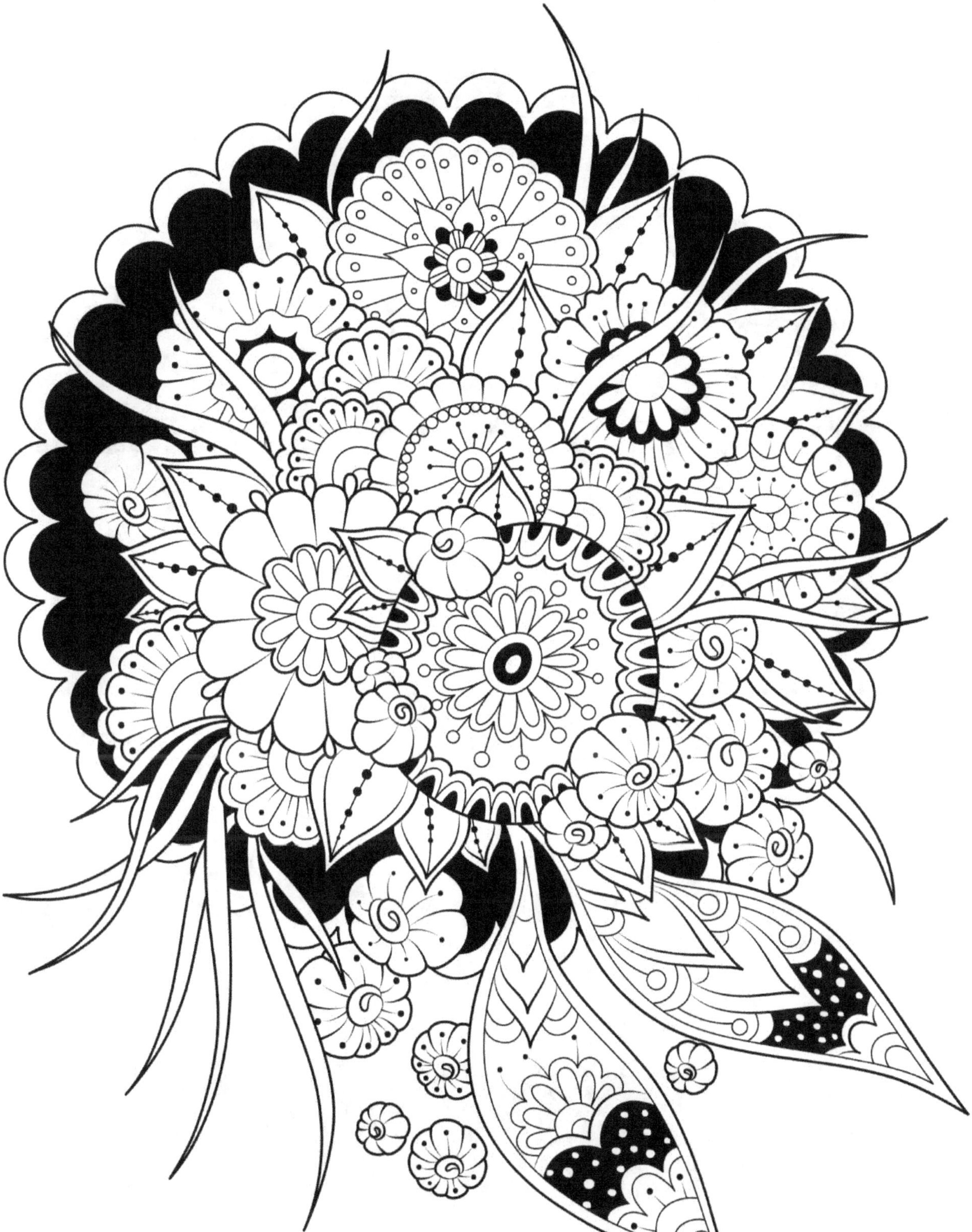

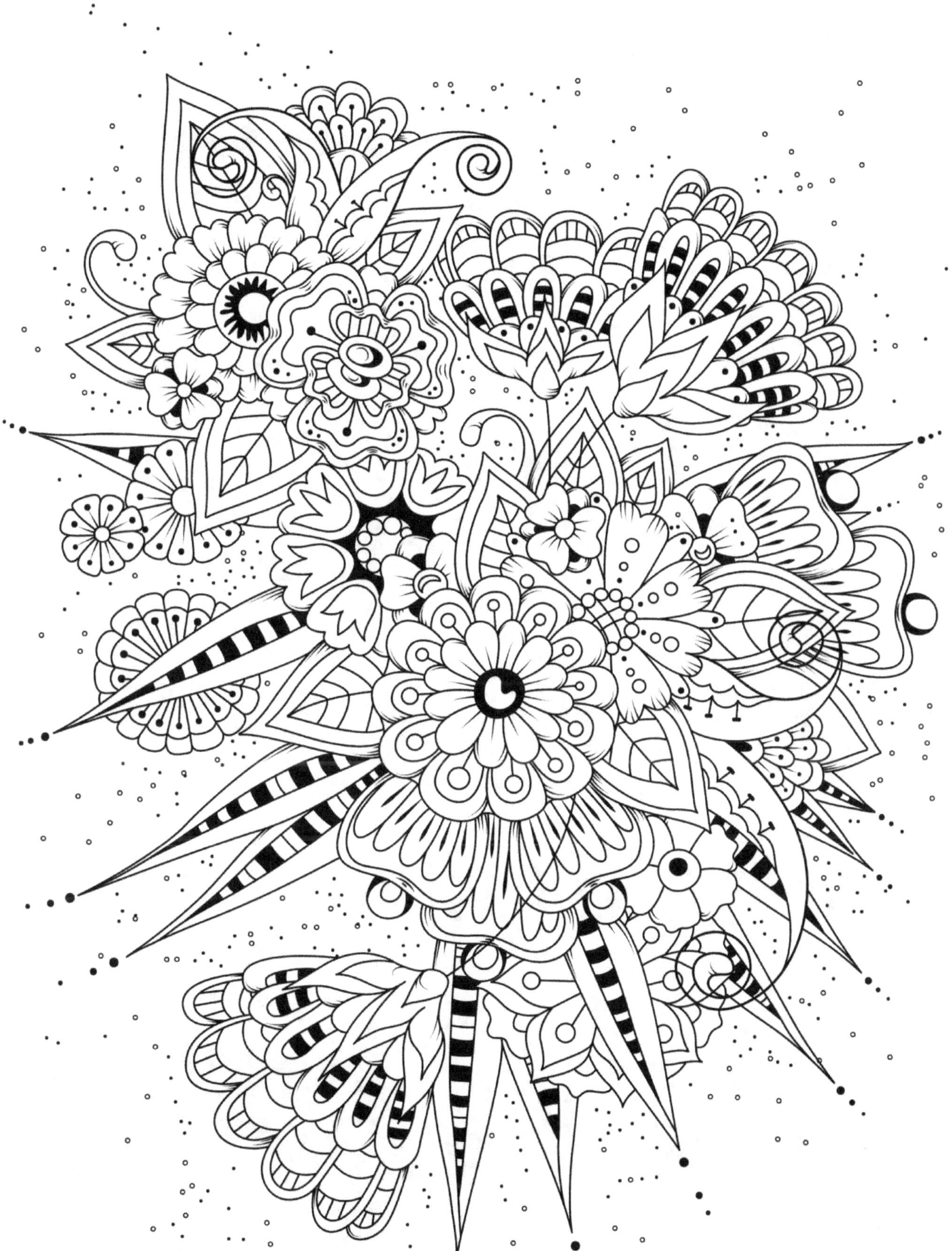

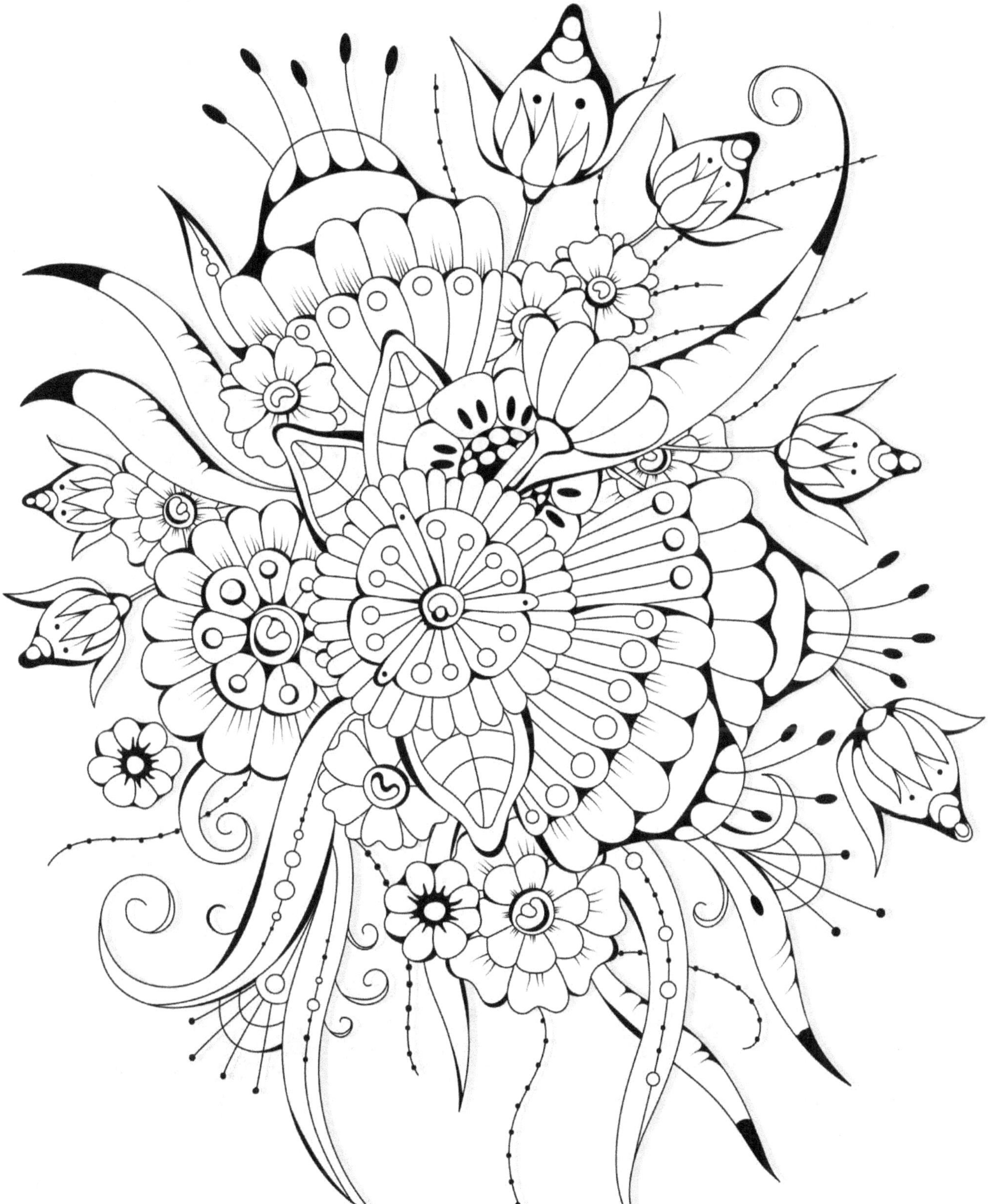

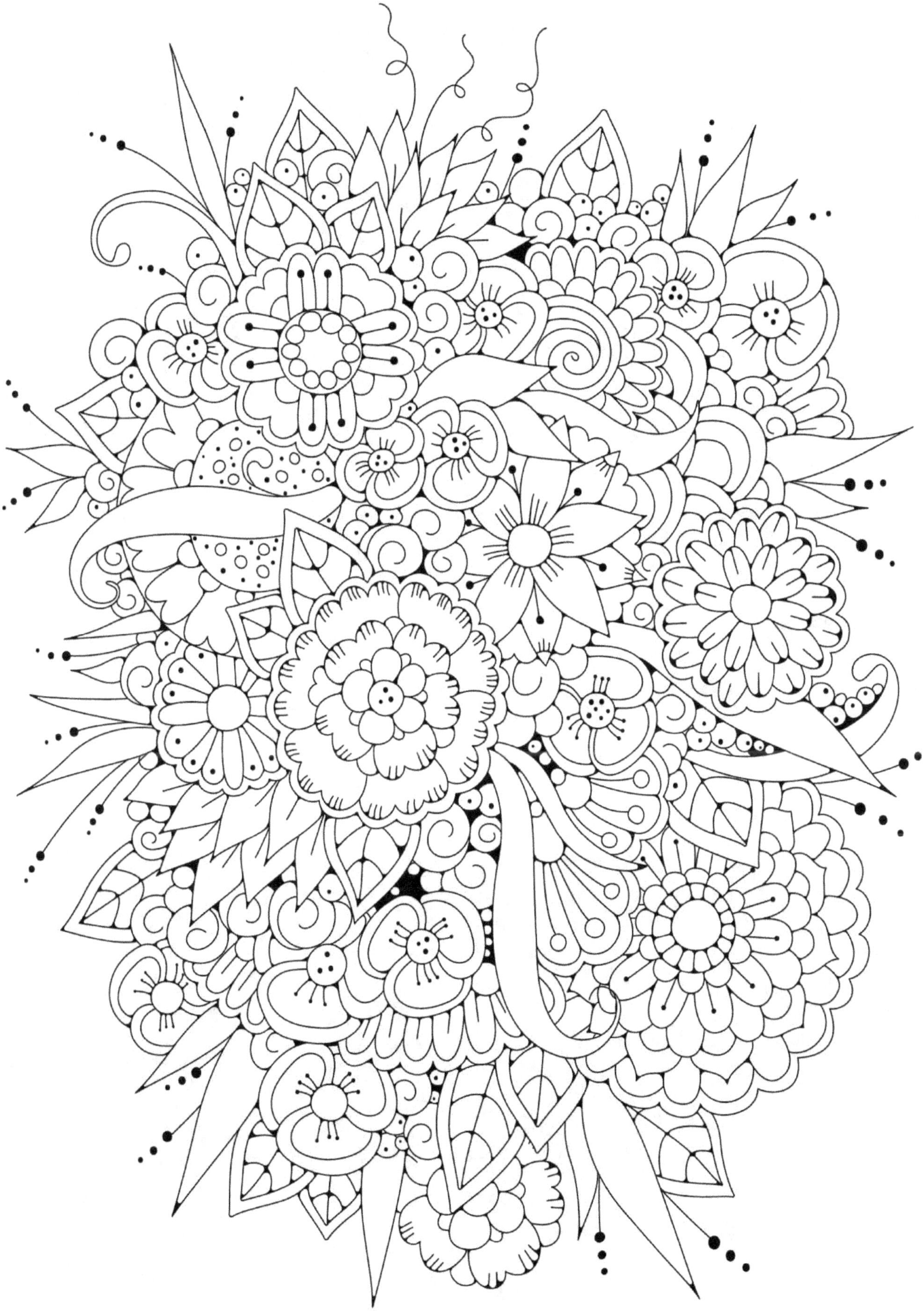

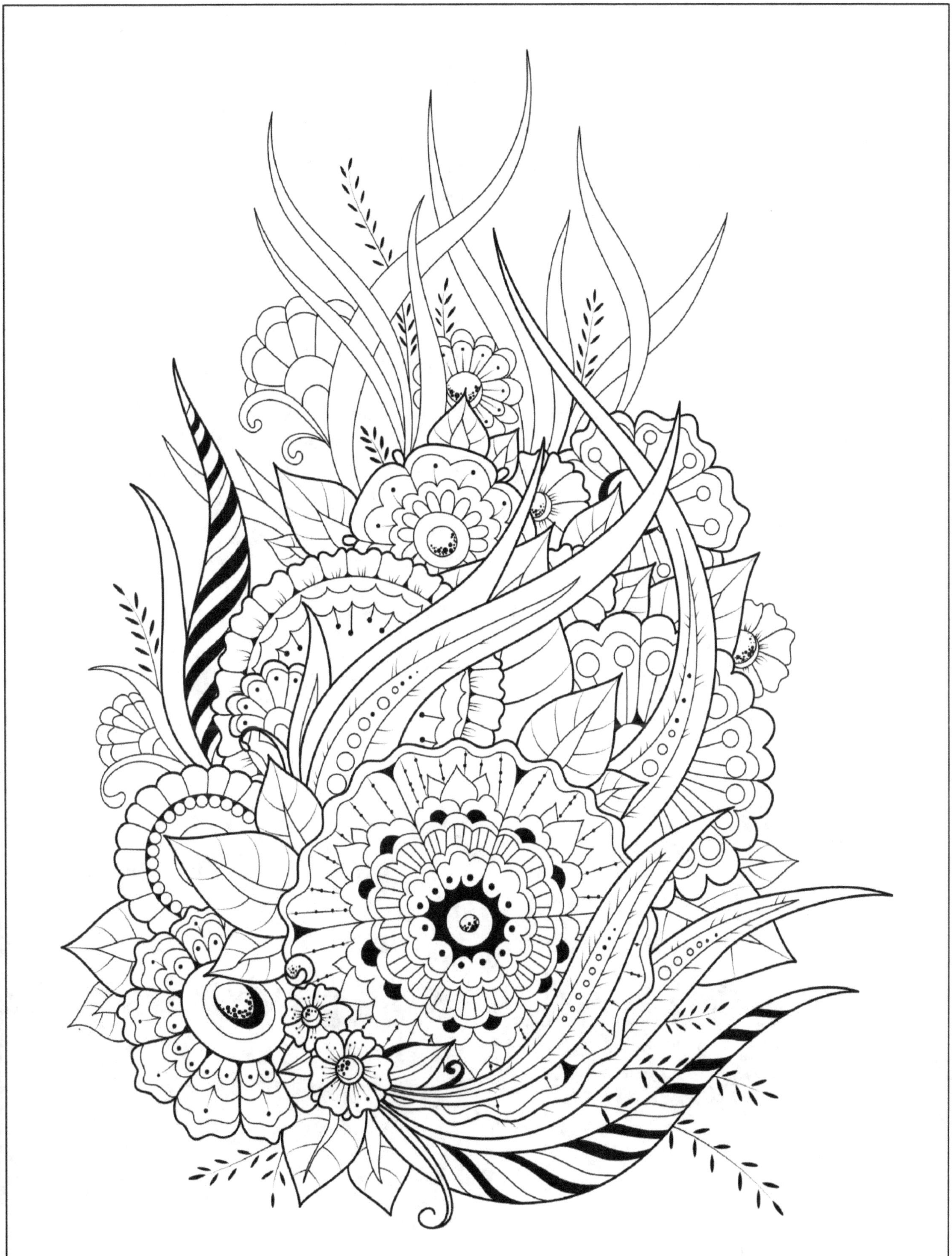

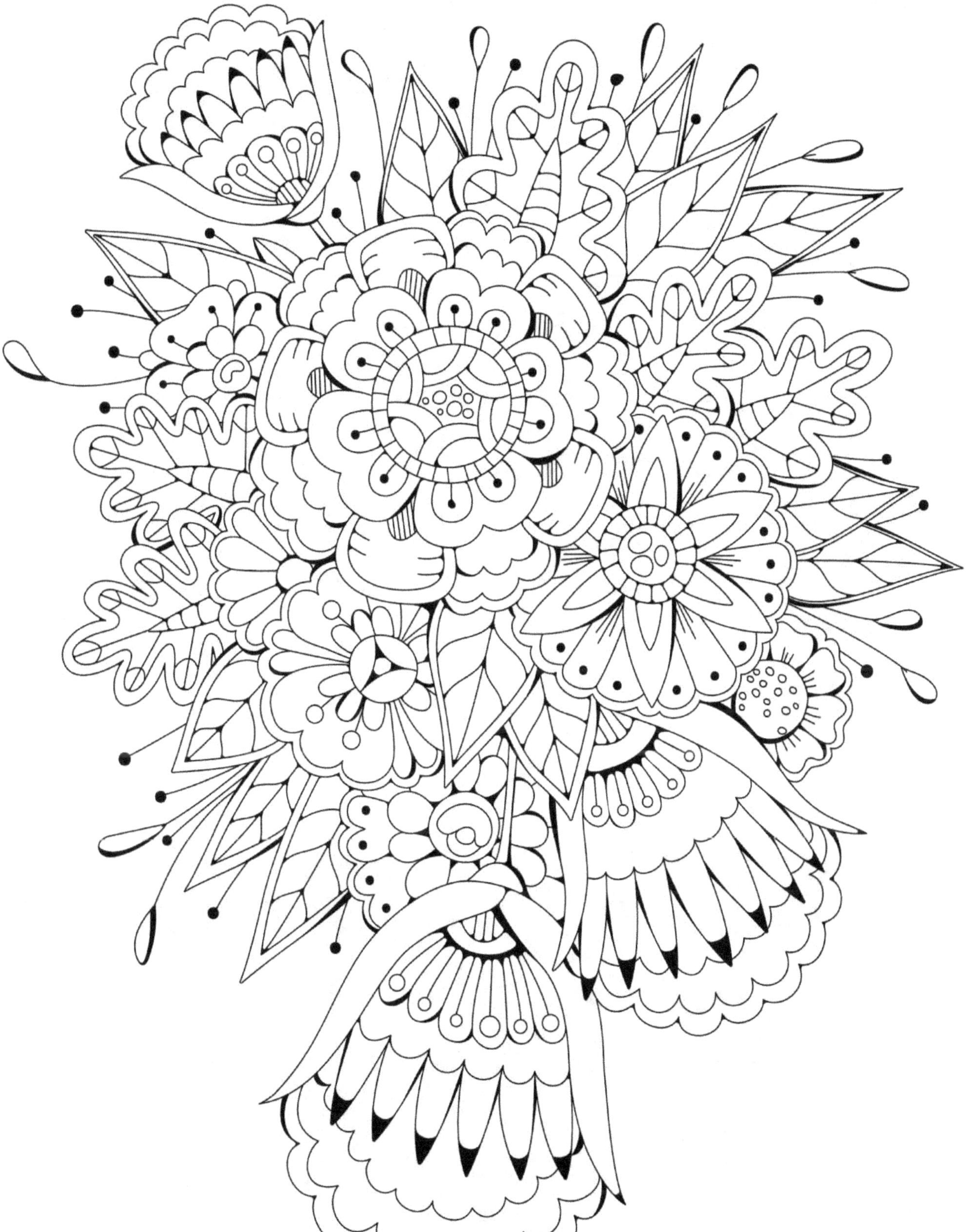

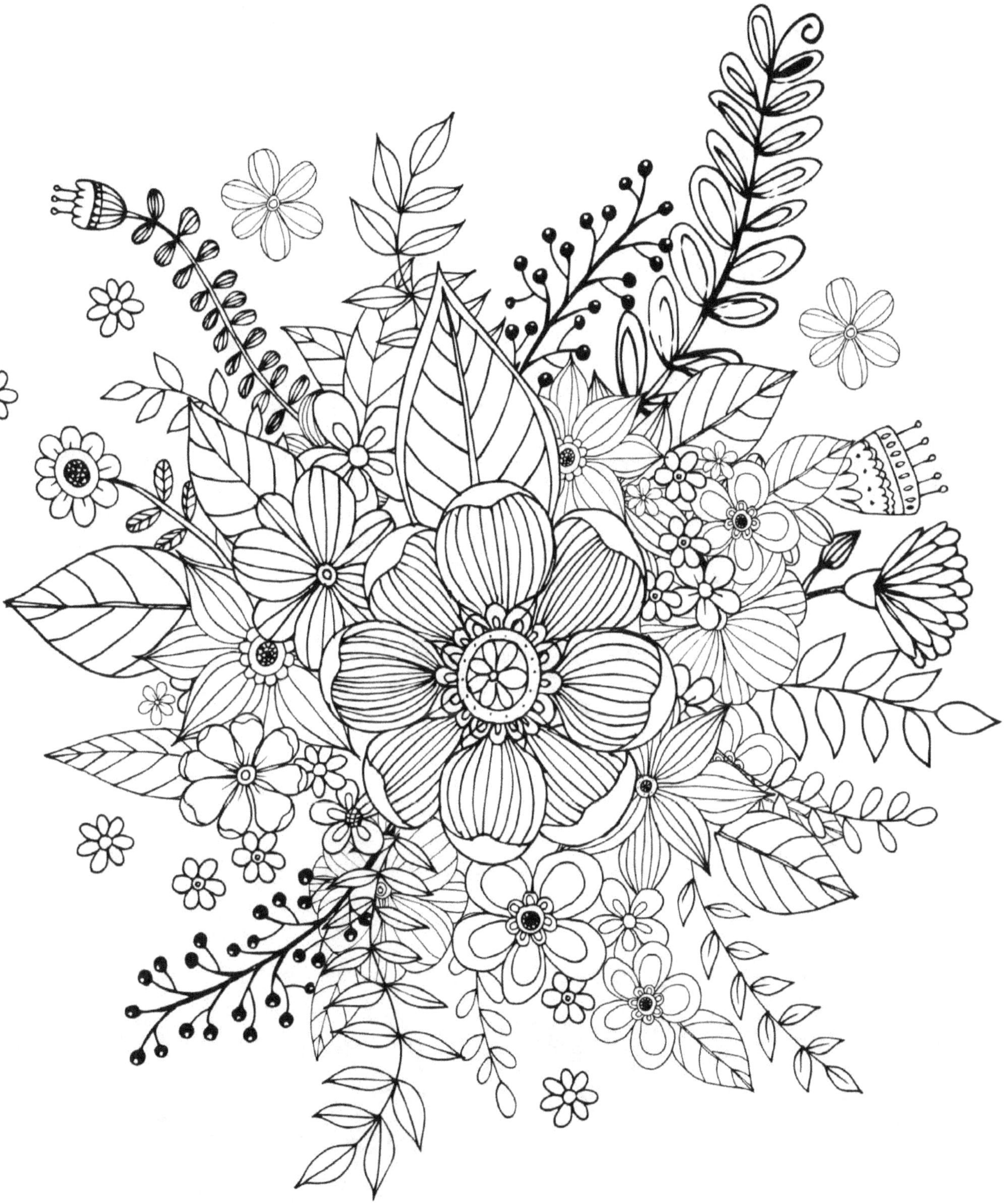

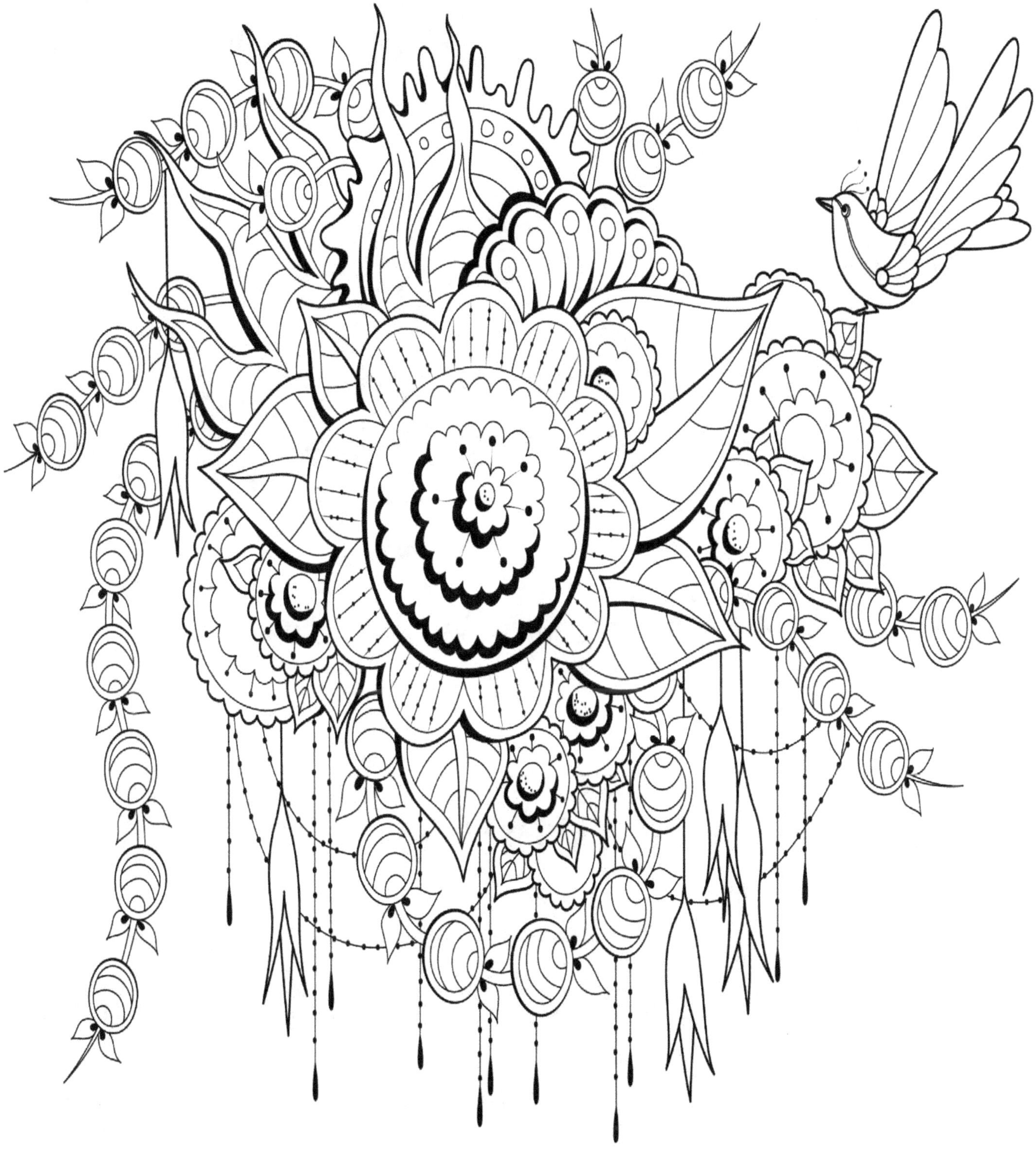

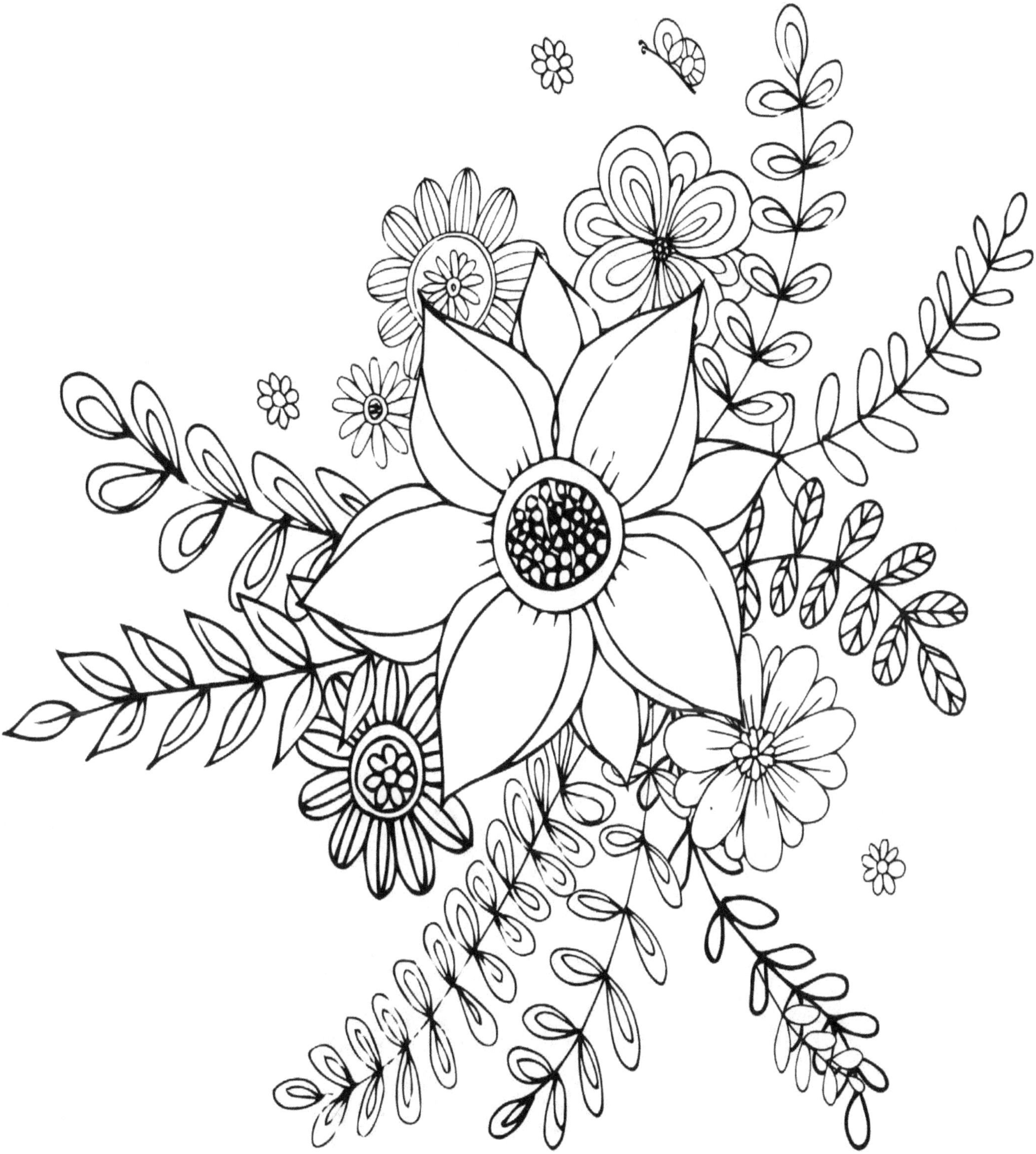

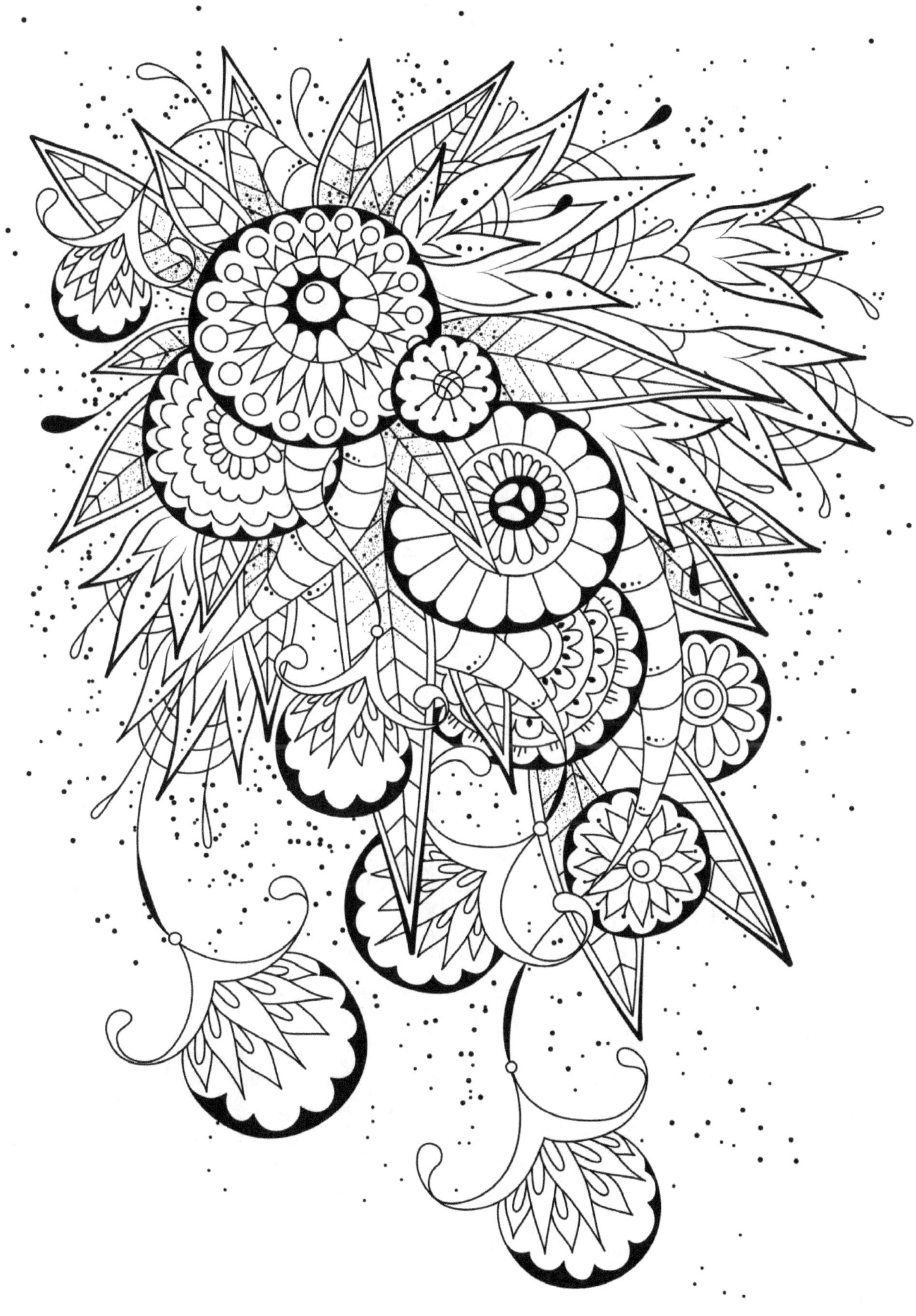

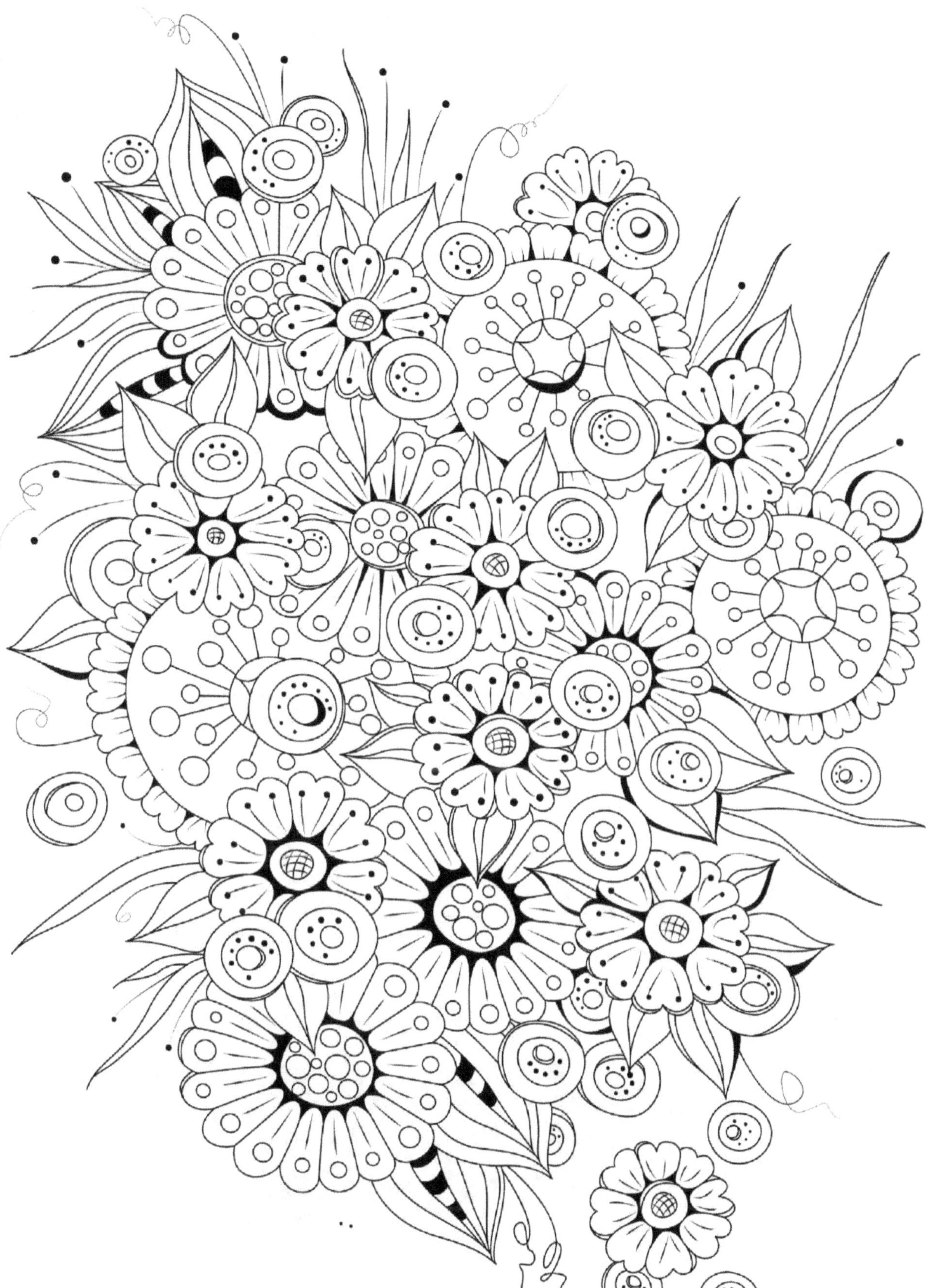

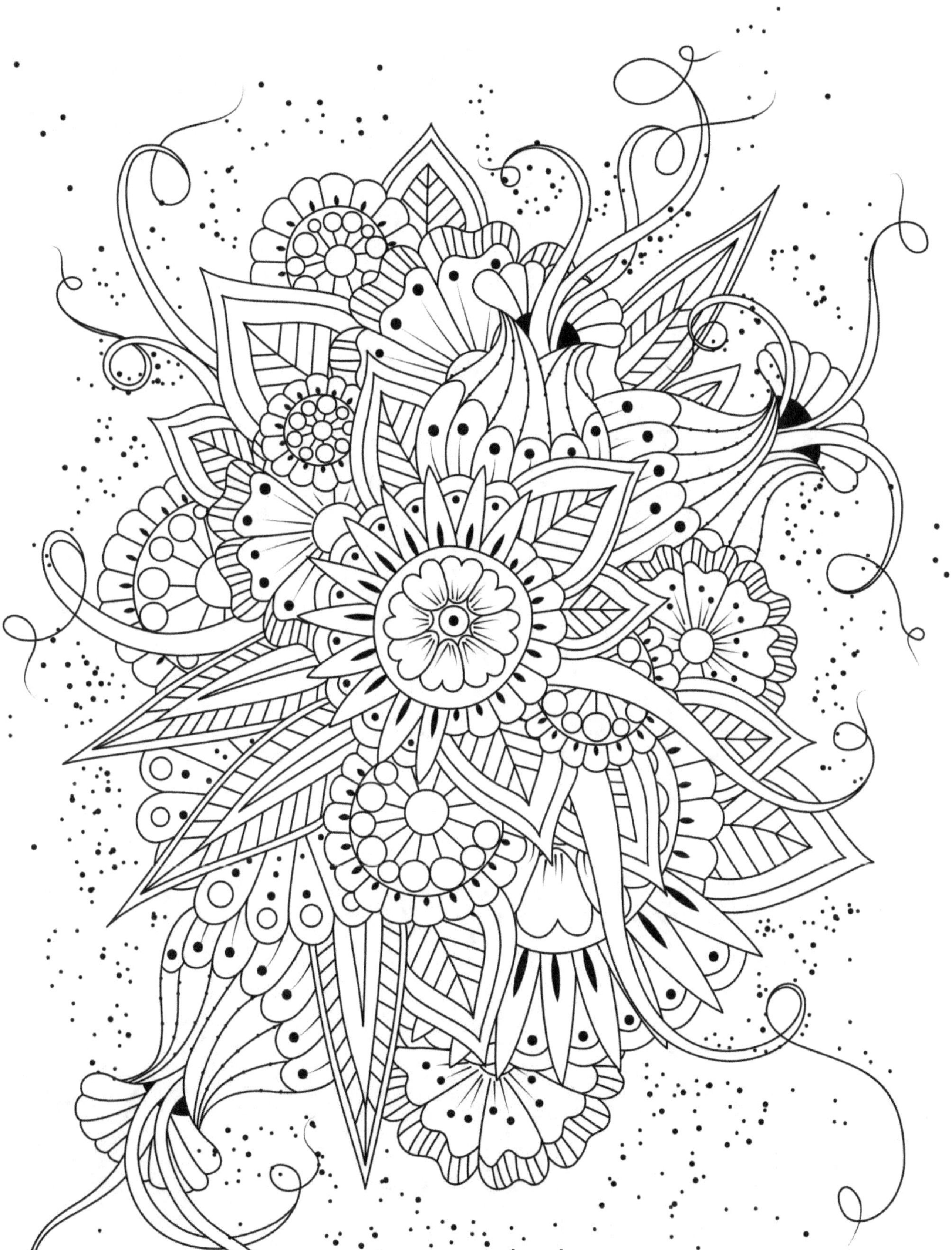

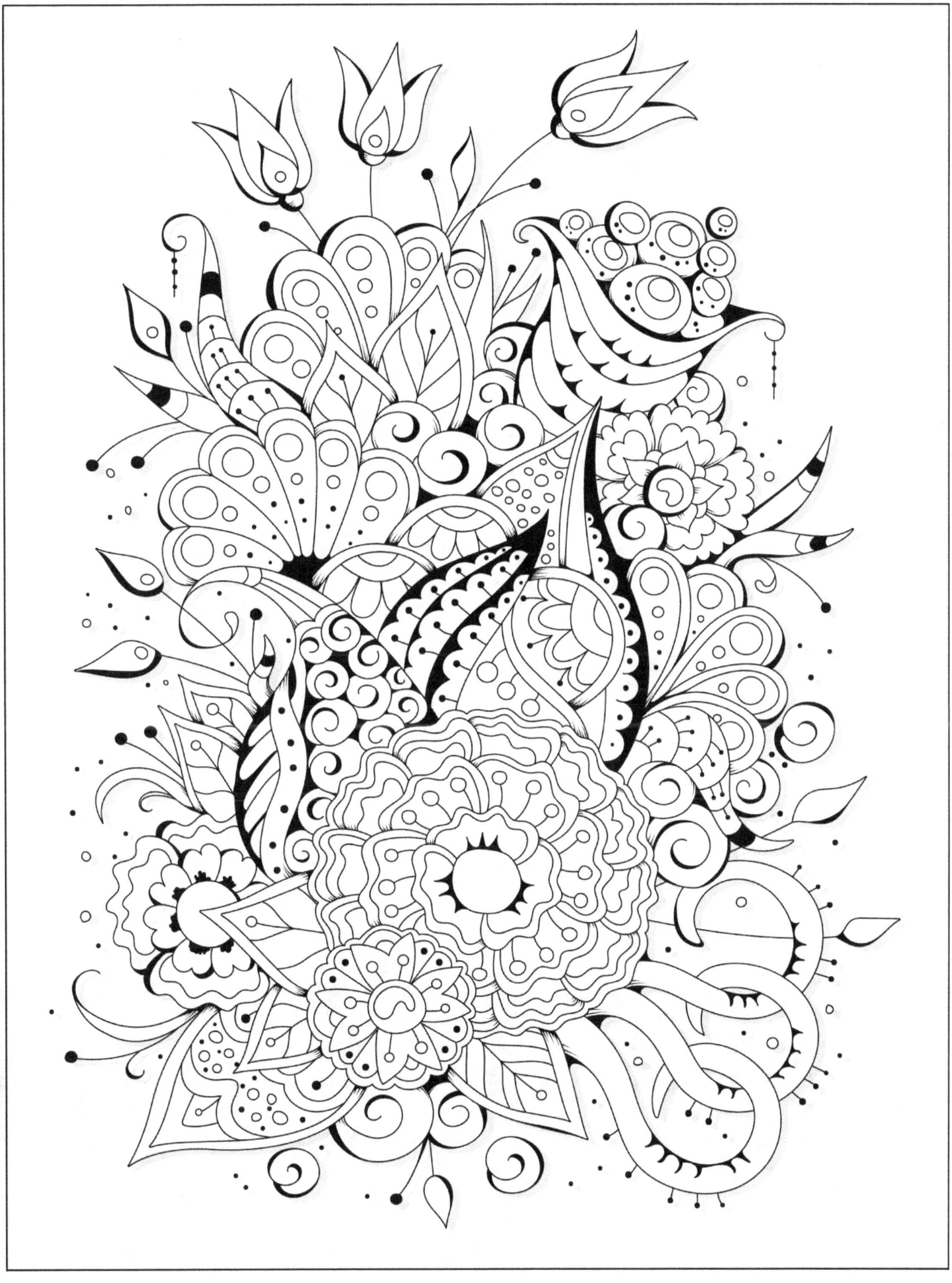

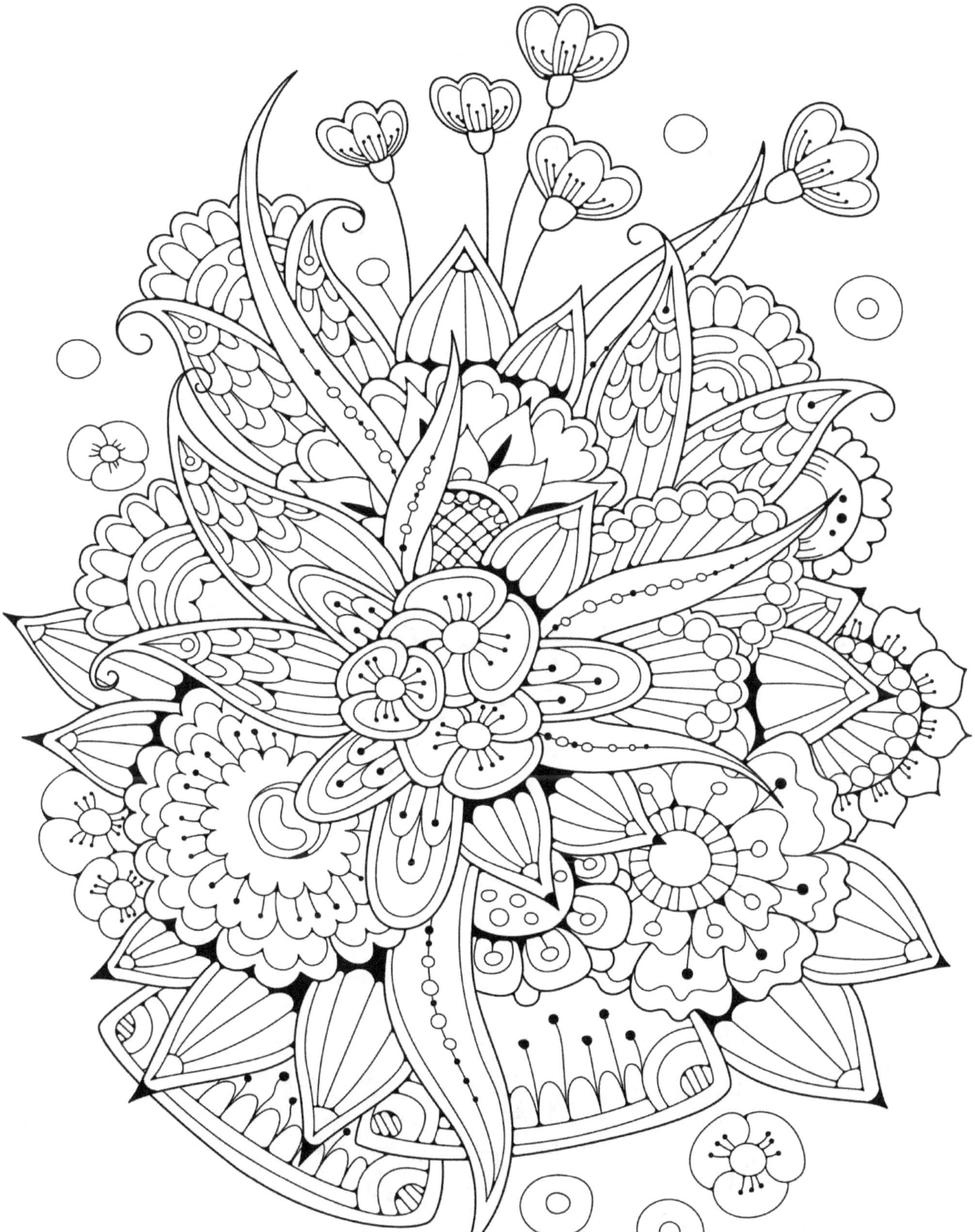

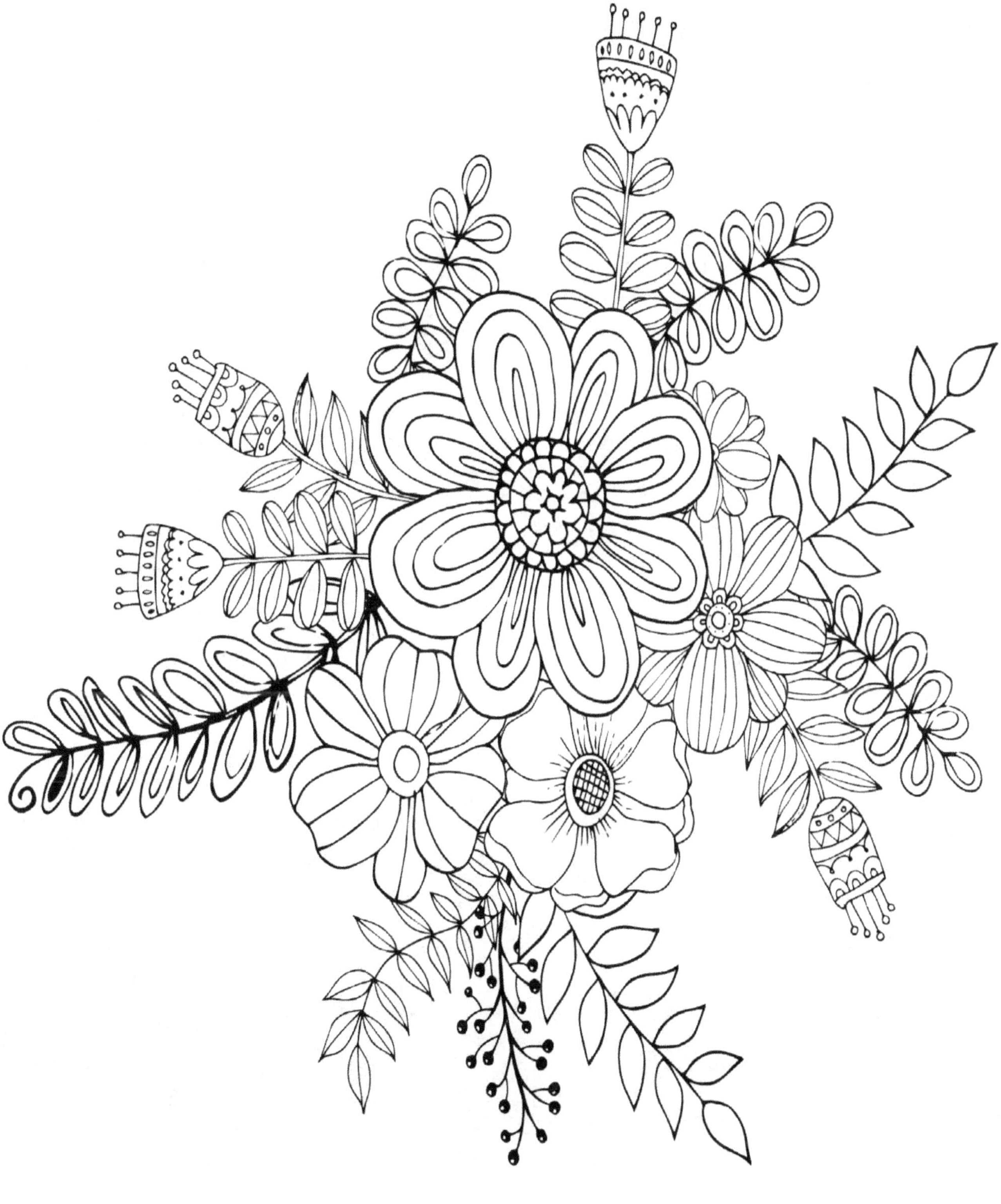

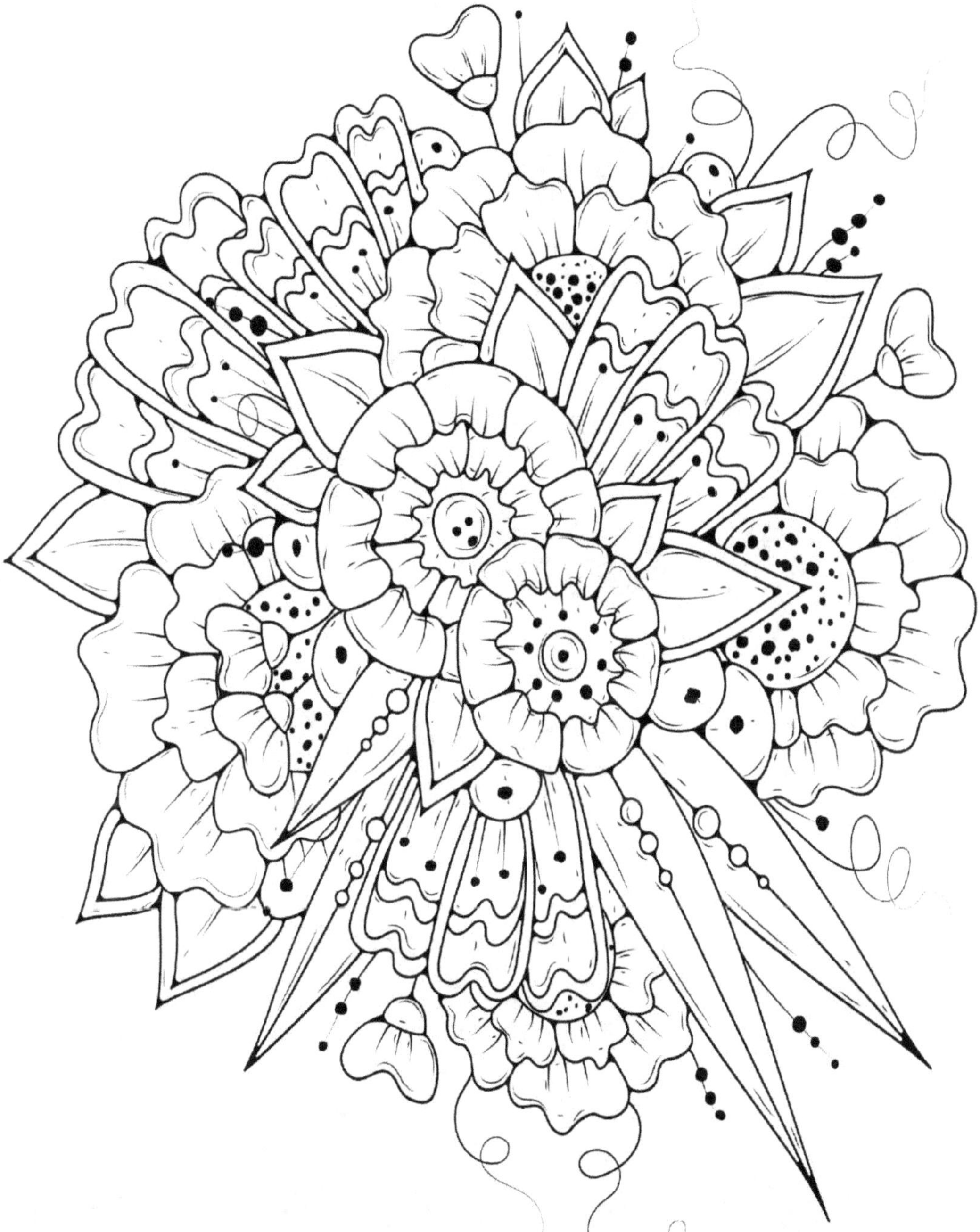

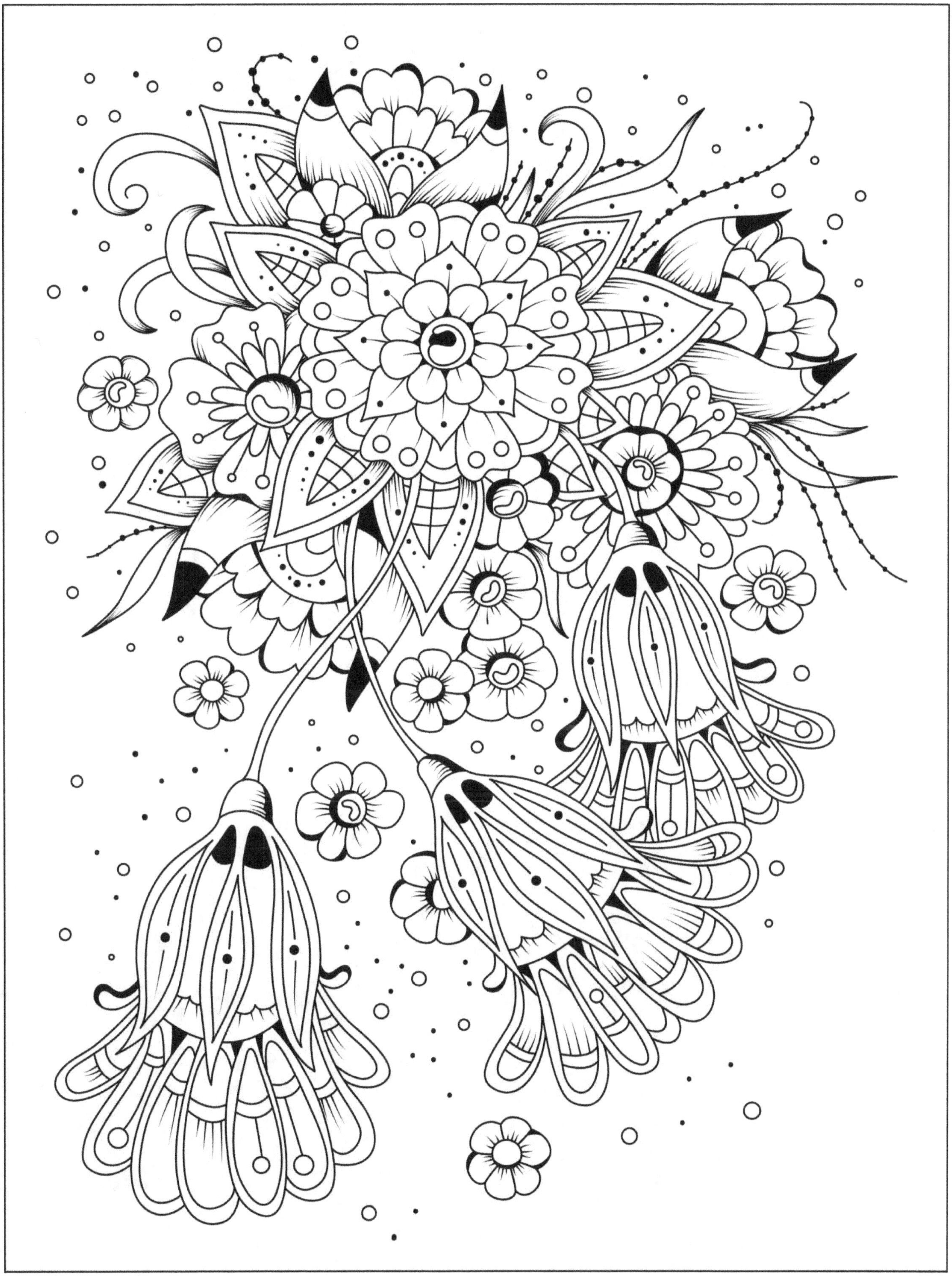

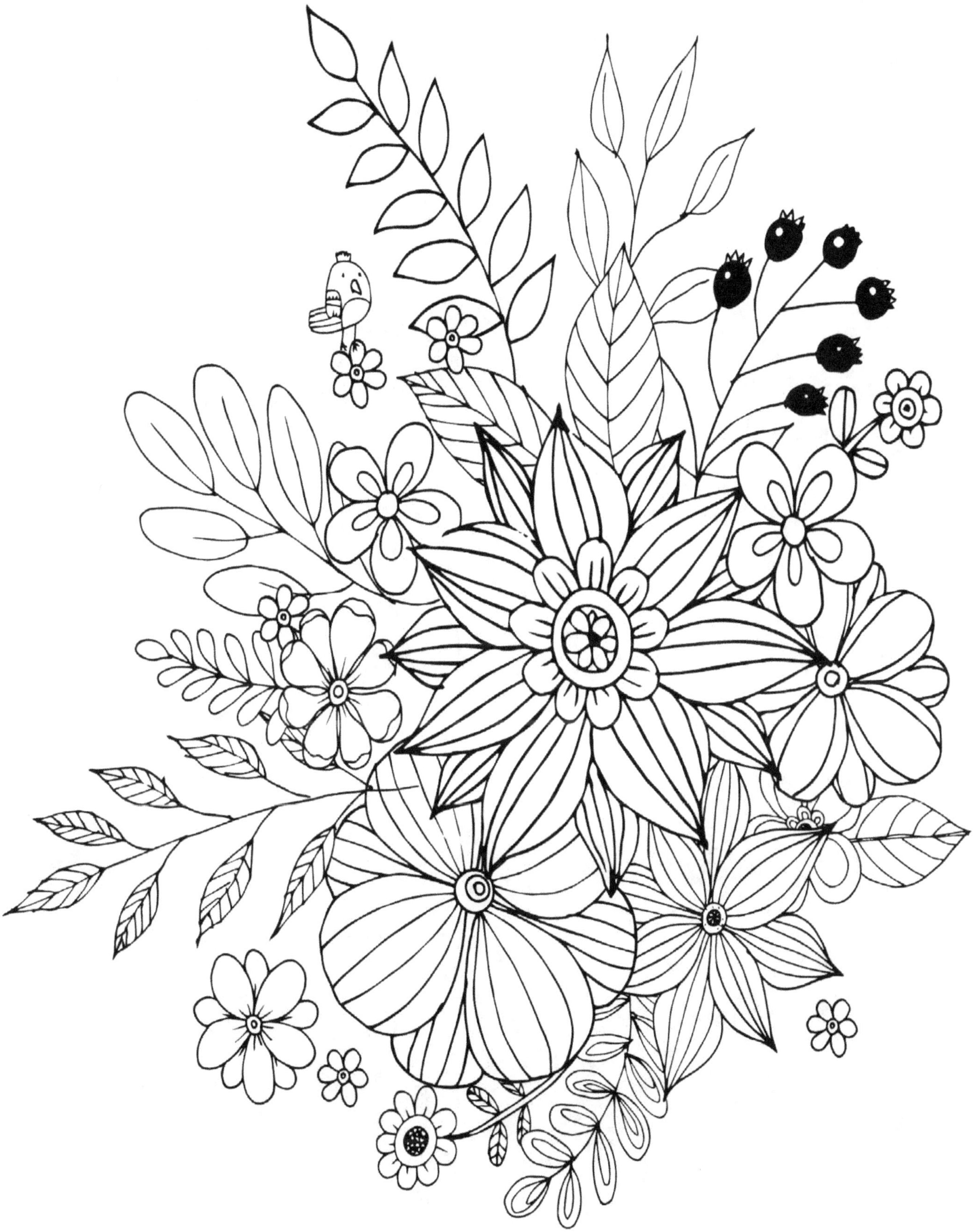

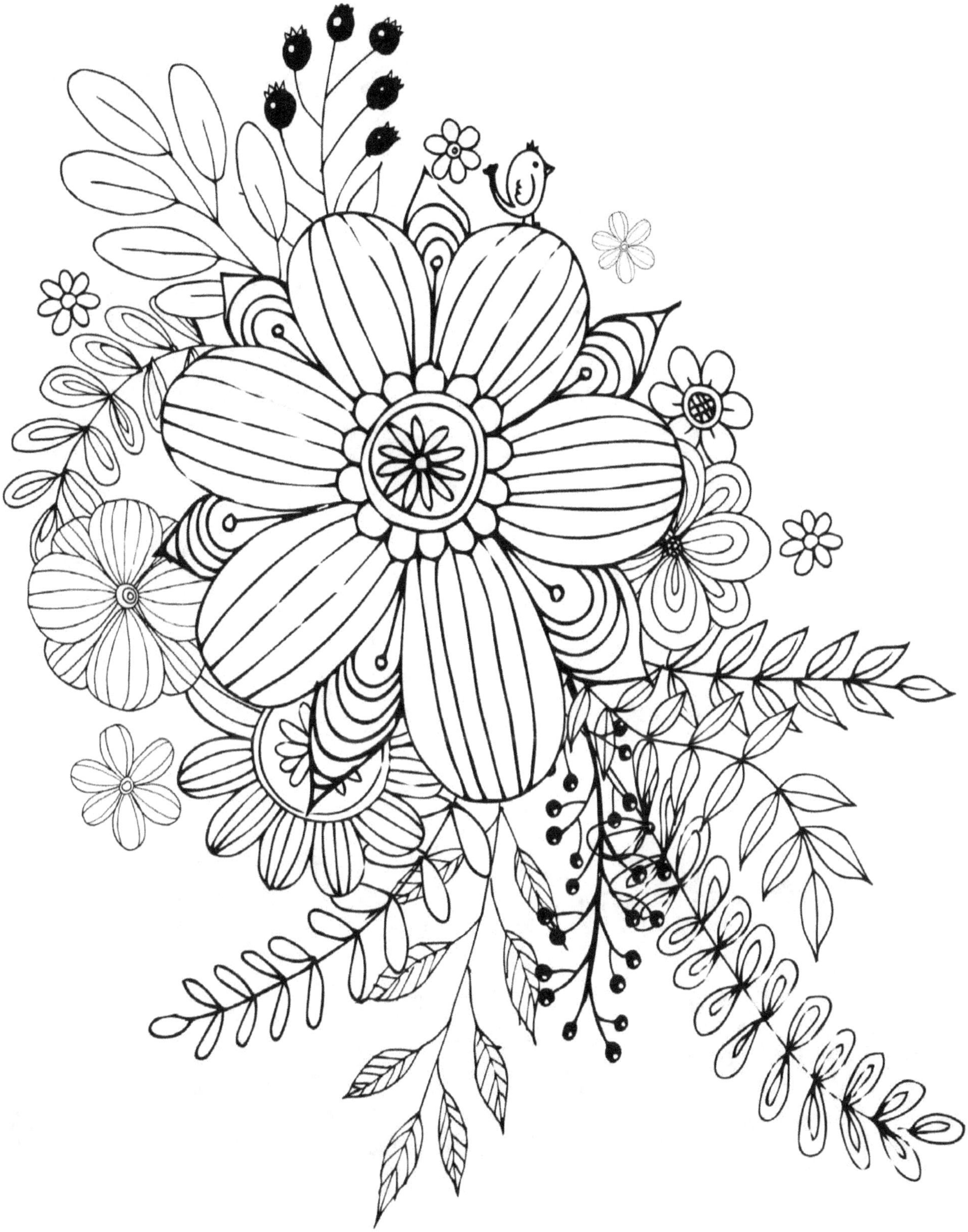

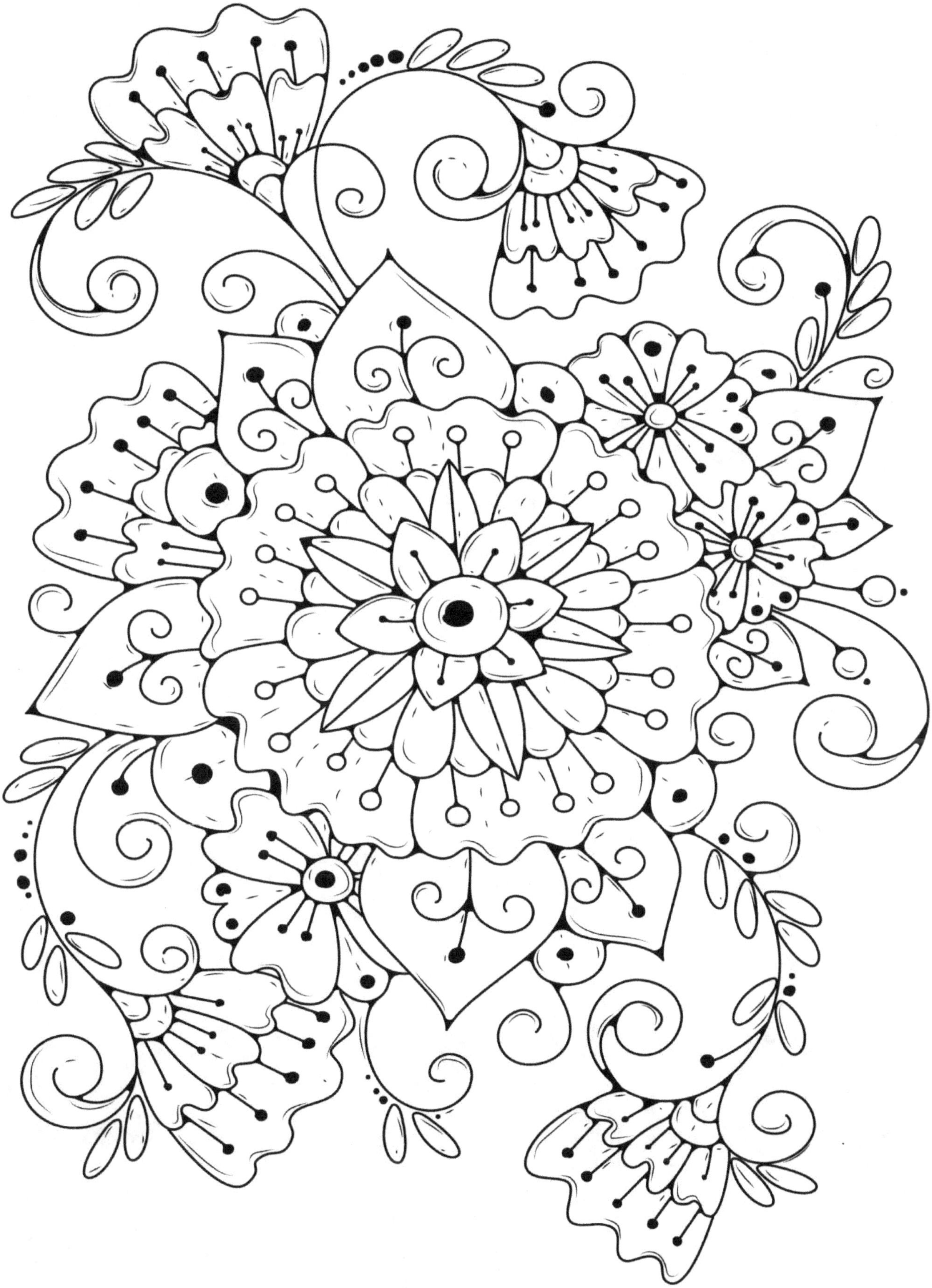

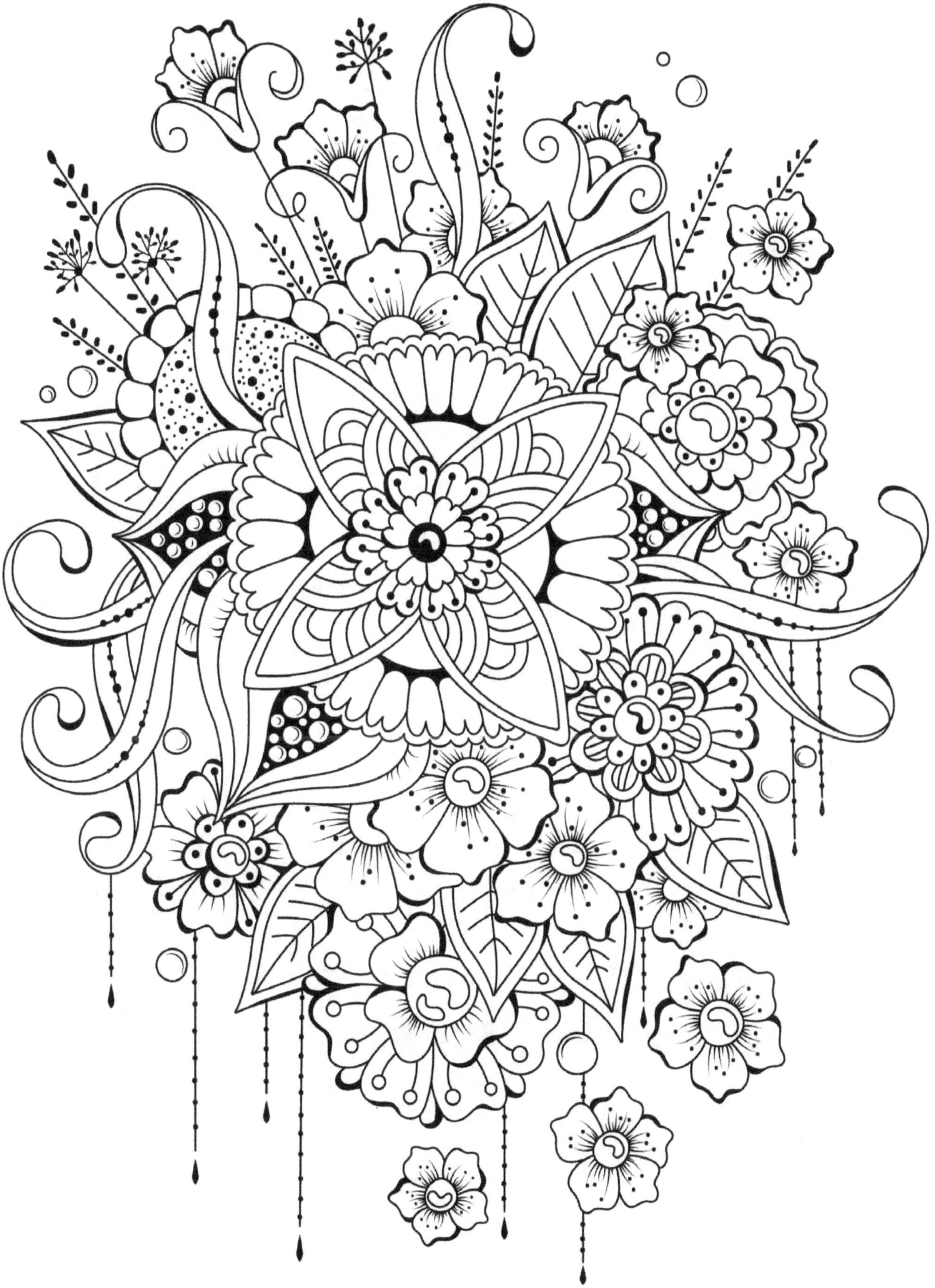

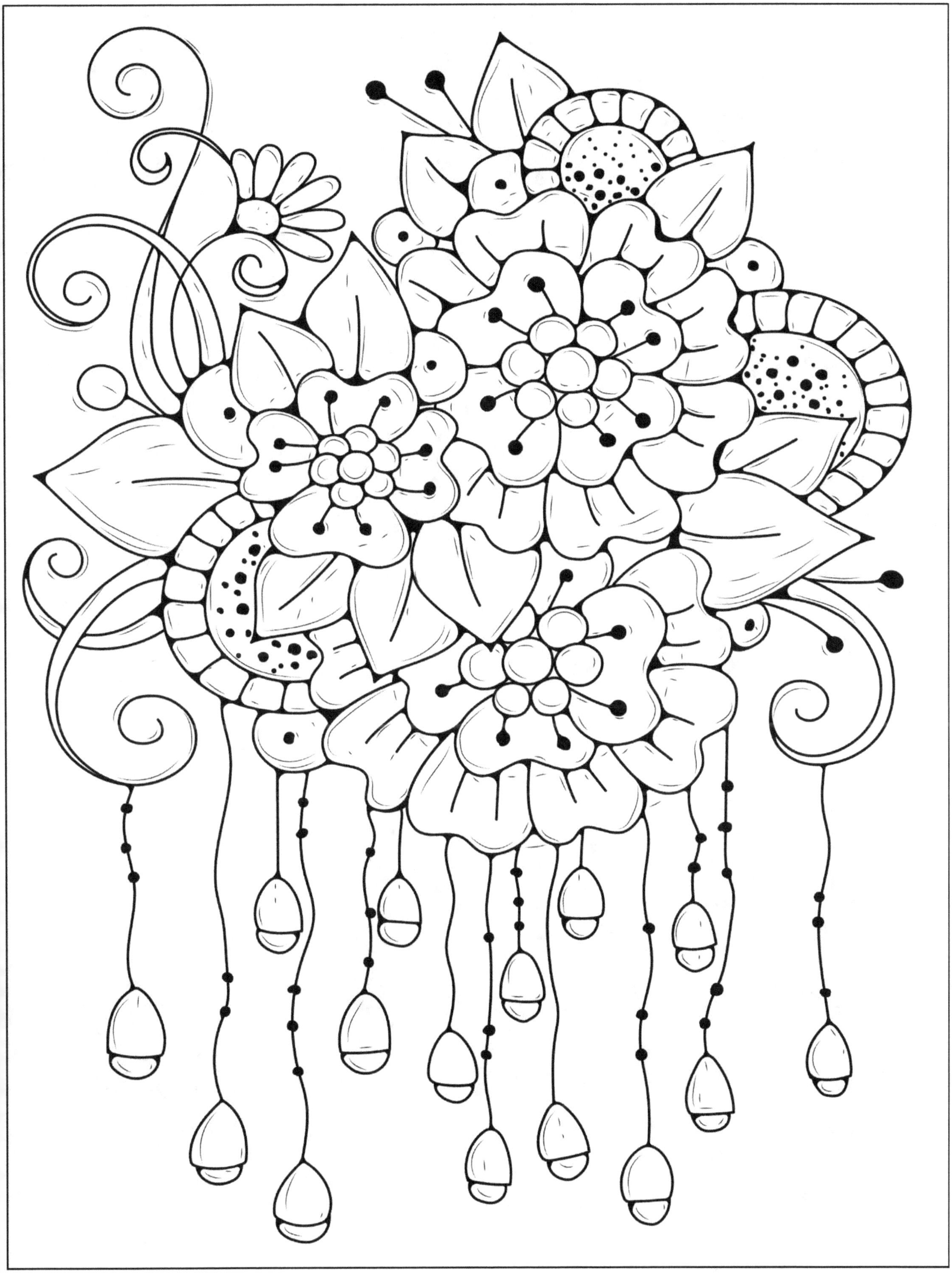

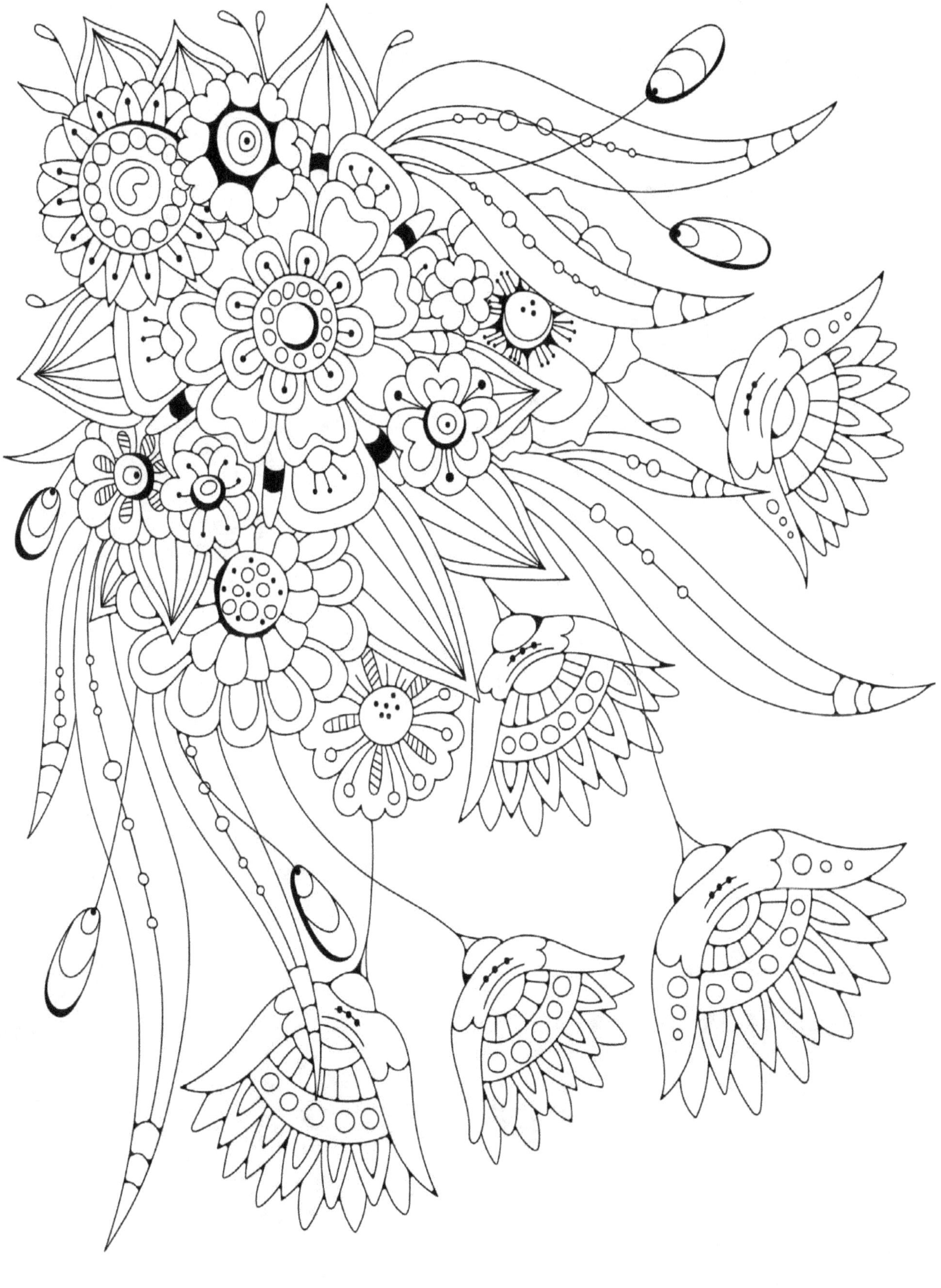

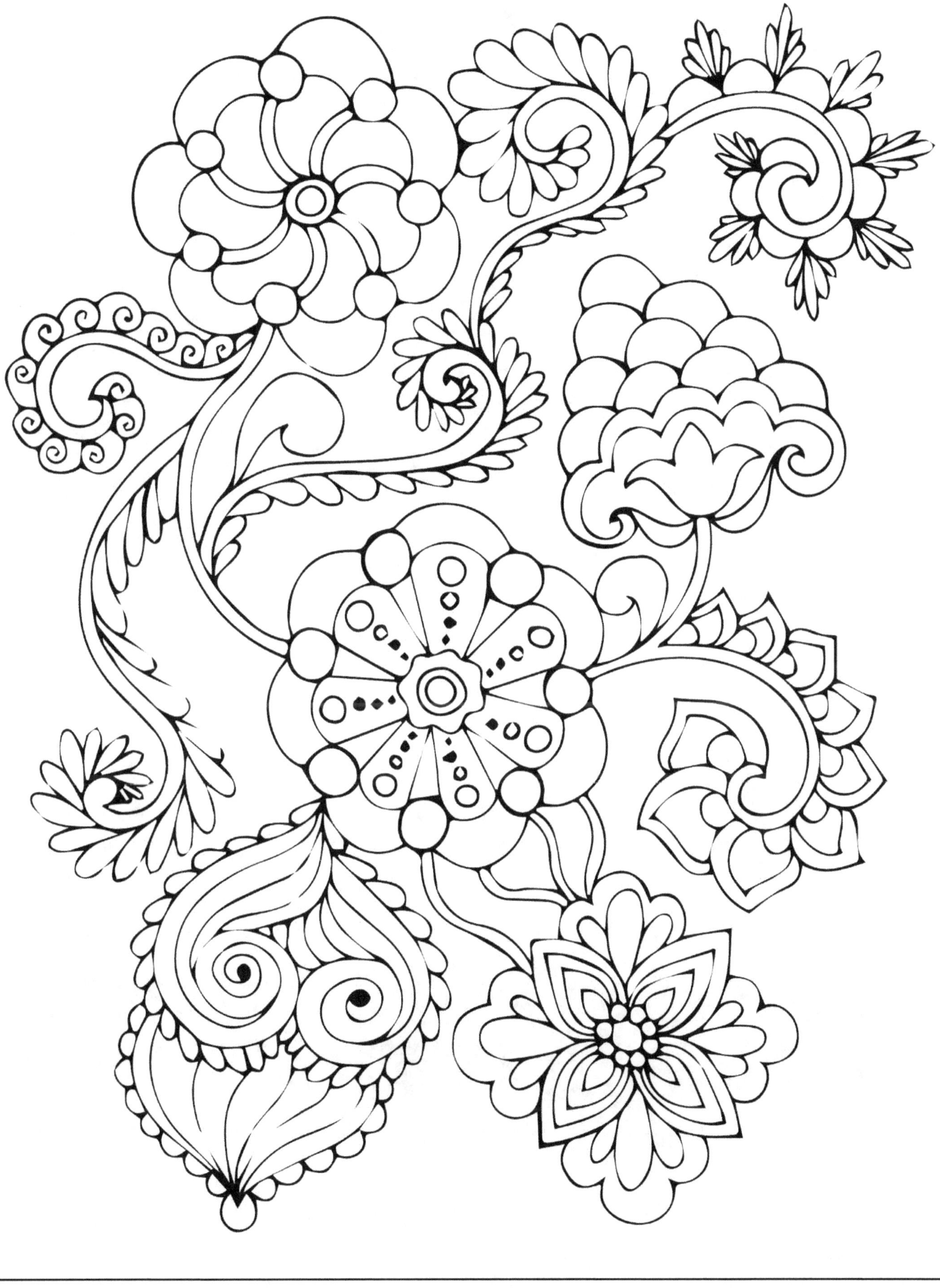

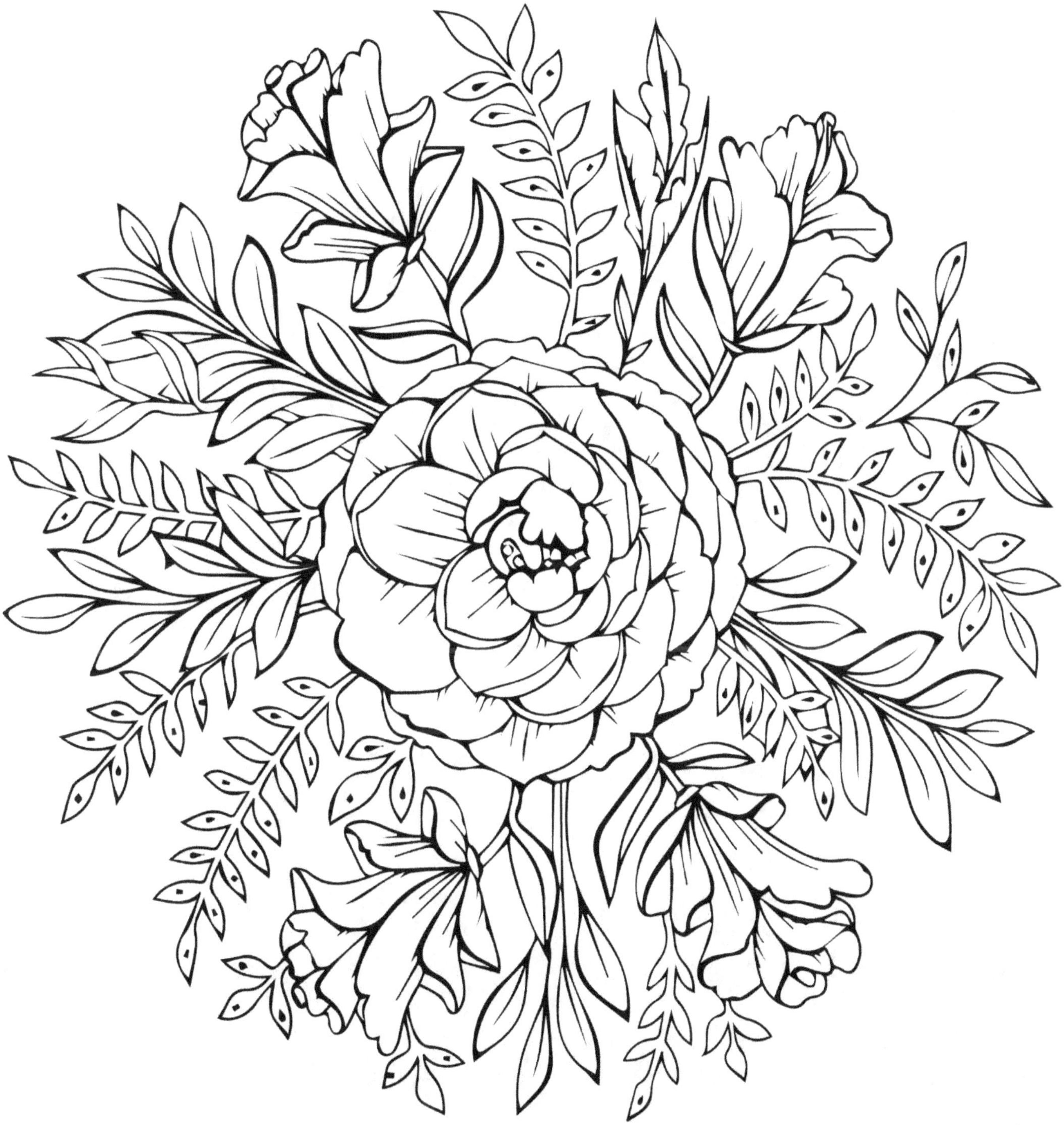

Impressum
Autor: Maria Herblaitner
Auflage 2021

1.Auflage

Kontakt: Steve Otto / Möckerner Str. 34b /39175 Königsborn
Coverfoto: soadelfadili

www.ingramcontent.com/pod-product-compliance
Lightning Source LLC
Chambersburg PA
CBHW080840220526
45467CB00008B/2347
9798710503515